Question & Answer

事例でわかる特例適用・申告手続

贈与税の基本と特例 Q&A

税理士 武田 秀和
税理士法人 おおたか 著

税務経理協会

はじめに

　贈与税は相続税の補完税といわれます。それは，相続税を課税を確実に行うための財産の保全を行うことによります。相続税は人の一生の経済活動の精算ですが，その相続財産から生前に財産を除外する行為に歯止めをかけるために贈与税があるわけです。そのため贈与税は基礎控除が低く抑えられ，税率も高いものとなっています。

　しかし，長寿社会となりつつある近年では，高齢者の保有する高額な資産が活用されないままとなっていることが問題となっています。また，中小企業の事業承継が負担の大きい相続税・贈与税のために円滑に行われないなど，資産課税に対する問題がクローズアップされています。

　そんな中で，贈与税は相続税対策に欠かすことができないものと言えます。贈与税を無視して相続税対策をすることは考えられません。財産承継が次世代に円滑に行われ，資金を若年世代で活用するための贈与税に係わる様々な税制が創設されています。「相続時精算課税」「住宅取得等資金の非課税の特例」「非上場株式等についての納税猶予の特例」等々があり，平成25年度税制改正では「教育資金の一括贈与に係る非課税の特例」「相続時精算課税対象者の拡大」「直系尊属からの贈与の場合の税率の特例」等矢継ぎ早に高齢者の資産の早期活用を目途とする改正が打ち出されています。相続税の課税最低限の大幅カット等による増税への方向が明確にされたことにより，贈与税に対する関心は非常に高まっているところです。

　しかし，相続税対策として贈与を活用することは承知しても，贈与の基本を十分理解していなかったために，せっかくの対策が水泡に帰することも多くあります。贈与税に関する情報量は相続税と比して非常に少なく断片的なものが多いようです。

　本書は，贈与税の基本的な考え方，特殊な取扱いや各特例の要点を実務に携わる方々のために過不足なく解説しました。各特例等で勘違いが多い事例や誤りやすい事例を「こんな場合は認められない?!　事例でチェック」として載せ

ました。

　また，平成25年度税制改正による相続時精算課税の適用対象者の拡大等新規の取扱いについても解説しました。ただし，平成25年度税制改正については法案が見えた段階で解説しているため，その点をご了承ください。

　相続税対策としての贈与税の重要性はこれからも減ずることはありません。むしろ，相続税が増税する方向にあるため，相続税や贈与税の相談の件数も飛躍的に増加することと思います。本書を参考に，確実な贈与税対策及び相続税対策を行ってください。

　なお，文中，意見にわたる部分は筆者の個人的な見解に基づくものであることを念のため申し添えます。

2013年3月

税理士　武田秀和

目次 Contents

はじめに

序章　贈与税の現状　PROLOGUE

1　贈与税の申告状況 …………………………………………… 2
2　贈与税調査の状況 …………………………………………… 6

第1章　贈与の基本　CHAPTER 1

1　贈与の定義 ………………………………………………… 10
2　贈与の種類 ………………………………………………… 13
3　贈与税の概要 ……………………………………………… 16
4　現行贈与税の制度 ………………………………………… 20
5　暦年課税の贈与 …………………………………………… 23
6　暦年課税の贈与の税率の改正 …………………………… 27
7　直系尊属から贈与を受けた場合の贈与税の税率の創設 … 30
8　贈与税の申告と連帯納付義務 …………………………… 35
9　贈与税の納税義務者 ……………………………………… 41
10　財産の取得の時期 ………………………………………… 47
11　贈与税の非課税財産 ……………………………………… 51

第2章　贈与税の課税財産　CHAPTER 2

1　贈与財産 …………………………………………………… 56
2　みなし贈与 ………………………………………………… 58

3	生命保険金等の受取りの課税区分	60
4	低額譲受	64
5	債務免除等	70
6	その他の利益の享受	74
7	株式又は出資の価額が増加した場合	77
8	同族会社の募集新株引受権	82
9	離婚による財産分与	88
10	信託に関する権利	91
11	無利子の金銭貸与	99
12	負担付贈与	102
13	共有持分の放棄	106
14	共働き夫婦が住宅等を購入した場合	108
15	財産の名義変更があった場合	110
16	名義変更があっても贈与がなかったものとされる場合	113

第3章　贈与税の各種特例　　CHAPTER 3

1	配偶者控除	122
2	相続時精算課税制度	129
3	直系尊属から住宅取得等資金の贈与を受けた場合の贈与税の非課税	146
4	東日本大震災に係る住宅取得等資金の贈与税の非課税	161
5	教育資金の一括贈与に係る贈与税の非課税	163
6	非上場株式等についての贈与税の納税猶予制度	168
7	農地等の贈与税の納税猶予の特例	207

第4章　土地の使用貸借と贈与税　　CHAPTER 4

1	借地権と贈与税	218

- 2 使用貸借による土地の借受けがあった場合 ………………………221
- 3 使用貸借による借地権の転借があった場合 ……………………226
- 4 底地を借地権者以外の者が取得した場合 ………………………229

参考文献 ………………………………………………………………233

索引 ……………………………………………………………………234

序章 贈与税の現状

近年の贈与税の申告状況は低調である。相続税対策のツールとしての贈与税の役割はいささかも減じるものではないが、税率が高いこともネックとなっているようである。この章は贈与税の申告状況と調査の状況について解説する。

1 贈与税の申告状況

贈与税の課税状況及び平成22年分の申告状況を俯瞰する。相続税対策としての贈与税の活用が落ち込んでいる。

1 贈与税の課税状況

　贈与税の申告状況は，平成初頭のバブルの頃がピークでその後減少の一途をたどっている。平成15年に相続時精算課税制度が導入されたときに一時的に増加したが，平成22年分は暦年課税と相続時精算課税を合計（310,324件）しても平成2年（583,693件）の約半分である。この落込みは相続税の課税割合の下落と軌を一にしていることから，相続税対策としての贈与税の存在が希薄になった面もあると考えられる。

《贈与税の課税状況の推移》

区分 年分	件数 (A)	取得財産価額 合計額(B)	取得財産価額 1件当たり金額	贈与税額 納付税額(C)	贈与税額 1件当たり金額	(C)/(B)	課税最低限 基礎控除	課税最低限 配偶者控除	相続時精算課税制度の特別控除
	件	億円	万円	億円	万円	%	万円	万円	万円
昭和63	459,789	11,098	241.4	1,285	28.0	11.6	60	2,000	
平成元	527,756	21,421	405.9	2,926	55.4	13.7	〃	〃	
2	583,693	25,684	440.0	3,430	58.8	13.4	〃	〃	
3	573,155	20,593	359.3	2,392	41.7	11.6	〃	〃	
4	541,503	16,471	304.2	1,619	29.9	9.8	〃	〃	
5	554,696	17,484	315.2	1,598	28.8	9.1	〃	〃	
6	529,657	15,266	288.2	1,312	24.8	8.6	〃	〃	
7	520,701	14,570	279.8	1,241	23.8	8.5	〃	〃	
8	512,070	14,586	284.9	1,335	26.1	9.1	〃	〃	
9	486,958	14,129	290.2	1,299	26.7	9.2	〃	〃	
10	455,118	13,010	285.9	1,166	25.6	9.0	〃	〃	
11	445,132	12,942	290.8	1,143	25.7	8.8	〃	〃	
12	414,828	11,974	288.6	955	23.0	8.0	〃	〃	
13	376,198	13,457	357.7	811	21.6	6.0	110	〃	
14	360,594	12,685	351.8	692	19.2	5.5	〃	〃	

15	内暦 精	403,651 327,144 78,202	23,081 11,468 11,613	571.8 350.6 1,485.0	877 671 206	21.7 20.5 26.4	3.8 5.9 1.8	〃 〃	(制度創設) 2,500
16	内暦 精	403,814 322,282 83,690	23,101 11,070 12,030	572.1 343.5 1,437.5	966 722 244	23.9 22.4 29.2	4.2 6.5 2.0	〃 〃	〃
17	内暦 精	405,332 325,925 81,641	23,760 11,547 12,213	586.2 354.3 1,495.9	1,159 834 324	28.6 25.6 39.7	4.9 7.2 2.7	〃 〃	〃
18	内暦 精	369,763 287,992 83,290	20,288 9,424 10,864	548.7 327.2 1,304.2	1,183 897 286	32.0 31.1 34.4	5.8 9.5 2.6	〃 〃	〃
19	内暦 精	358,832 270,857 89,571	20,538 8,660 11,878	572.4 319.7 1,326.1	1,074 799 274	29.9 29.5 30.6	5.2 9.2 2.3	〃 〃	〃
20	内暦 精	325,060 252,403 74,138	17,581 8,237 9,344	540.8 326.3 1,260.4	1,039 850 189	32.0 33.7 25.5	5.9 10.3 2.0	〃 〃	〃
21	内暦 精	310,944 246,254 66,505	16,299 7,953 8,347	524.2 322.9 1,255.1	1,018 796 222	32.7 32.3 33.4	6.2 10.0 2.7	〃 〃	〃
22	内暦 精	310,324 261,143 50,663	15,291 9,004 6,288	492.8 344.8 1,241.1	1,292 1,093 199	41.6 41.8 39.3	8.4 12.1 3.2	〃 〃	〃

(備考) 1. この表の係数は、「国税庁統計年報書」による。
2. 件数は、財産の贈与を受けた者のうち申告書のあった者の数である。
3. 取得財産価額には更正・決定分を含む。また、贈与税額には納税猶予適用分を含まない。
4. 内書の、「暦」は暦年課税分に係る計数であり、「精」は相続時精算課税分に係る計数である。

(財務省ホームページ)

2 平成22年贈与税の申告状況

　平成22年分の贈与税の申告状況は次頁表のとおりである。申告総件数のうち相続時精算課税適用者は約16.3％であるが、贈与金額では41.1％となっており相続時精算課税の効果的利用が図られていることがわかる。

1 課税状況

区分	人員（人）	金額（百万円）
取得財産価額（本年分）	310,324	1,529,126
配偶者控除額	13,058	161,073
基礎，特別控除額	309,365	816,347
基礎，特別控除後の課税価格	251,881	563,303
贈与税額	実 251,763	135,332
外国税額控除	5	25
外国税額控除後の額	251,762	135,307
農地等納税猶予額	83	529
株式等納税猶予額	63	5,579
納付税額	実 251,629	129,201
災害減免法第4条による免除税額	―	―

（実）は実人数を表す。　　　　　　　　　　　　　　　（国税庁統計資料）

2　贈与財産の階級別表

取得財産価額階級	暦年課税分 人員	暦年課税分 取得財産価額	相続時精算課税分 人員	相続時精算課税分 取得財産価額	合計 人員	合計 取得財産価額
	人	百万円	人	百万円	人	百万円
150万円以下	116,503	140,151	1,779	1,753	117,354	141,028
150万円　超	32,482	59,483	1,481	2,669	33,829	61,912
200万円　〃	65,960	190,760	6,648	20,322	72,311	210,214
400万円　〃	26,875	137,960	10,755	58,592	37,484	195,800
700万円　〃	7,275	61,290	9,167	80,905	16,419	141,946
1,000万円 〃	8,292	118,864	13,618	197,377	21,908	316,149
2,000万円 〃	2,989	65,990	5,415	130,579	8,416	196,874
3,000万円 〃	342	12,933	1,156	43,653	1,536	57,863
5,000万円 〃	233	16,773	394	26,506	637	43,934
1億円 〃	109	19,080	204	33,170	315	52,416
3億円 〃	23	9,271	25	10,222	48	19,510
5億円 〃	22	15,829	18	12,704	41	29,189
10億円 〃	23	33,036	6	7,945	29	40,981
20億円 〃	1	2,509	1	2,722	2	5,231
30億円 〃	4	16,000	—	—	4	16,000
50億円 〃	—	—	—	—	—	—
合　計	261,133	899,927	50,667	629,120	310,333	1,529,047

（平成22年分贈与税申告状況：国税庁統計資料を基に作成）

2 贈与税調査の状況

贈与税の調査結果を，平成24年に平成22事務年度分から公表した。相続税の課税強化に伴う贈与税の脱漏防止の効果を狙ったものと考えられる。

1 贈与税調査の状況

平成23事務年度の贈与税の実地調査は約5,671件行われている。そのうち申告に非違があったものの件数は5,331件あり約94％で非違が把握されている。贈与は親族間で行われる場合が大半であり，贈与行為の認定が大変困難なことを考えると，この非違割合は高いものと考えられる。また，申告のあったものの調査による非違割合より，無申告事案の件数が82.3％と高いことも特徴的である。

なお，贈与税の実地調査の件数等については平成22事務年度分から公表されている。

2 贈与税の実地調査結果

実地調査を行った年分が平成22事務年度と平成23事務年度分だけであるため推移について即断はできないが，少なくともこの2年では，調査件数及び申告漏れ等の非違件数が上昇している。今後の贈与税の調査の方向を示していると考えられる。

	事務年度	平成22事務年度	平成23事務年度	
項目				対前事務年度比
①	実地調査件数	4,881件	5,671件	116.2%
②	申告漏れ等の非違件数	4,554件	5,331件	117.1%
③	申告漏れ課税価格	285億円	280億円	98.3%
④	追徴税額	92億円	79億円	86.6%
⑤	実地調査1件当たり 申告漏れ課税価格（③／①）	584万円	494万円	84.6%
⑥	実地調査1件当たり 追徴税額（④／①）	188万円	140万円	74.5%

（国税庁発表資料）

3 調査事案に占める無申告事案の状況

　贈与税の実地調査の対象となった事案のうち，無申告のものが80％を超えている。他の税目の実地調査と比して非常に高いものとなっている。これは財産の移転が親族間で行われることが多く，贈与の認識が希薄という贈与税の特性を現している。

「申告漏れ等の非違件数」の状況　　　「申告漏れ課税価格」の状況

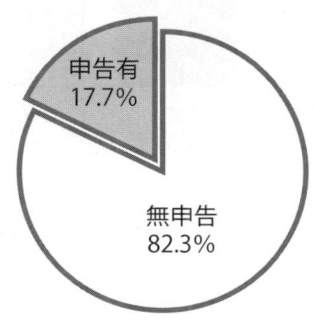
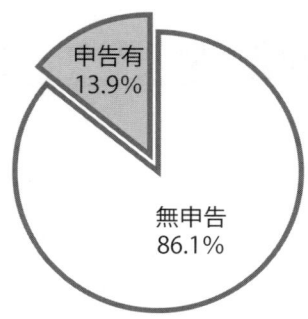

4　調査事案に係る申告漏れ財産の内訳

　実地調査により申告漏れを指摘される財産は，現金預貯金等の割合が突出している。土地や有価証券等については，名義人となった者が，その事実を知らなかった場合には，いわゆる「名義変更通達」（後述）により名義を戻すことにより，贈与税の課税が行われない場合がある。

　現金預貯金等については，費消することも多く，また相続税の調査と並行して贈与税の調査が行われた場合，贈与者（被相続人）にその現金預貯金等を戻すことができなくなった等が考えられる。

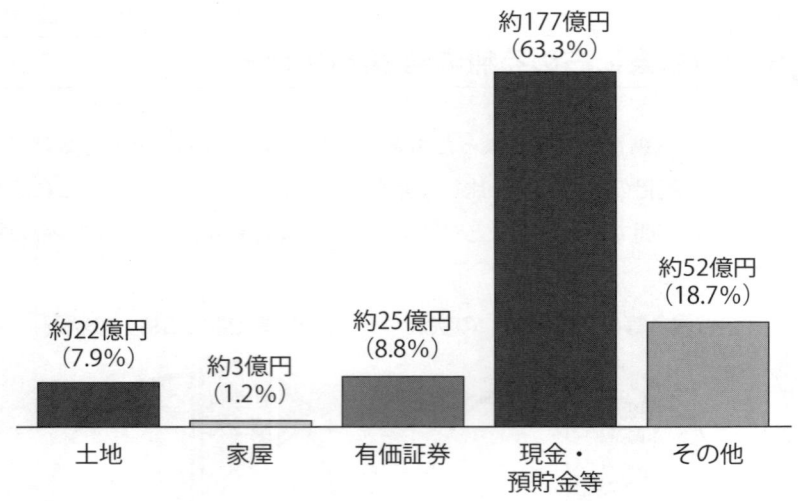

第1章 贈与の基本

相続税対策に贈与税を欠かすことができないことは誰もが知るところである。しかし贈与税の定義を始め、贈与税の基本をしっかり認識した上で、贈与税を活用する必要がある。この章は贈与行為から始まる贈与税の基本を解説する。

1 贈与の定義

贈与税の課税原因は贈与が行われたことである。贈与行為は，民法の契約の一形態である。これを飛ばして，贈与税を説明することはできない。

1 贈与の定義

贈与税の課税原因は，「贈与により財産を取得する」ことである（相法1の4）。この「贈与」とは，民法からの借用概念であり，民法549条において規定されている。

> 【民法549条　贈与】
> 　贈与は，当事者の一方が自己の財産を無償で相手方に与える意思を表示し，相手方が受諾をすることによって，その効力を生ずる。

民法では贈与は第3編第2章「契約」の項にあるとおり，契約行為である。相手方に対して自己の財産を与える意思表示を行う諾成片務契約行為をいう。

つまりお互いに「この○○をあなたにあげましょう」「はい，もらいましょう」という了解があって初めて贈与契約が成立する。

基本的に「諾成」「片務」契約であるが，下記の各契約が混在するものである。

> 「諾成」　…契約当事者双方が合意に達すること
> 「片務」　…当事者の一方だけが相手方に対して何らかの債務を負っている契約のこと
> 「無償」　…契約当事者の一方の負担に対する対価を求めないもの
> 「不要式」…要式を必要としないこと

この契約という認識がないまま「贈与」が行われることが多いため，中途半端な贈与税の申告となり，ひいては，相続税の課税関係に影響することとなる。

2 贈与の撤回

1 書面によらない贈与の場合

書面によらない贈与は各当事者が撤回することができる。このため，贈与事実を確実にするには，書面にてお互いが明白な意思表示をすることである。口頭による贈与契約は，履行が完了するまでは常に破約となる可能性がある。例えば300万円の贈与契約を行い，200万円の履行が済んでいた場合，未履行の100万円については，撤回されることがある。この場合，履行済の200万円について返還請求ができない。

【民法550条　書面によらない贈与の撤回】
　書面によらない贈与は，各当事者が撤回することができる。ただし，履行の終わった部分については，この限りではない。

なお，夫婦間の契約については，婚姻継続中はその約束を第三者がうかがい知れないことがほとんどであり立証・挙証が非常に難しいため，夫婦間の取消権が認められている。

ただし判例では，婚姻が解消された場合若しくはそれと同様な事情（夫婦間で裁判を提起するような場合等）がある場合には取消しを認めないようである。

【民法754条　夫婦間の契約の取消権】
　夫婦間でした契約は，婚姻中，いつでも，夫婦の一方からこれを取り消すことができる。ただし，第三者の権利を害することはできない。

2 書面による贈与の場合

書面による贈与の場合でも，受贈者の忘恩行為がある場合や，贈与者の財産

状態が極度に悪化して贈与の実行ができない場合等には認められることもあると考えられる。その他にも民法891条（相続人の欠格事由）に規定される事由に該当する場合などがある。

2 贈与の種類

民法では贈与には無償による財産の単純な移転契約の他，定期贈与，負担付贈与，死因贈与があり，それぞれ課税方法が規定されている。

1 贈与の種類

贈与とは「諾成・片務・無償・不要式」という行為が一般的であるが，まれに対価を伴う贈与や一方的な贈与が行われる場合がある。

贈与の種類には，贈与契約と同時に贈与する財産の引き渡しが行われる通常の贈与のほかに，①定期贈与，②負担付贈与，③死因贈与がある。

2 定期贈与

定期贈与とは，毎年又は毎月，一定額を贈与する契約のことをいう。たとえば，「毎年200万円ずつ10年間贈与する」というような期限を区切った分割の贈与契約のことをいう。200万円を10年間で贈与するので贈与金額の合計額は2,000万円になる。なお，贈与者又は受贈者が死亡した時点で，その効力は失われる。

税務上，このような契約は毎年の課税ではなく，契約の効力の発生した時に一括課税となる。相続税法24条及び25条「定期金に関する権利の評価」により定期金の権利の価額の評価を行う。

なお，平成23年4月1日以降の定期金に関する権利の価額は，原則として課税時期現在の解約返戻金相当額に改正された。

> 【民法552条　定期贈与】
> 　定期の給付を目的とする贈与は，贈与者又は受贈者の死亡によって，その効力を失う。

3 負担付贈与

　負担付贈与とは，受贈者に一定の負担を課した贈与のことをいう。

　たとえば，「この土地をあなたに贈与するが，この土地に付いている借金の返済をお願いします」，「これをあなたに贈与するから，Aさんに○○を渡して欲しい」というような相手方に対して贈与の対価として負担を求めるものである。

　税務上，負担付贈与に係る贈与財産の価格は，負担がないものとした場合における贈与財産の価額から負担額を控除した価額による（相基通21の2-4）。

> 【民法553条　負担付贈与】
> 　負担付贈与については，この節に定めるもののほか，その性質に反しない限り，双務契約に関する規定を準用する。

4 死因贈与

　死因贈与とは，贈与者が死亡した時に効力が発生する贈与契約のことをいう。

　たとえば，「自分が死んだら，この土地を贈与する」というように，人の死亡を原因として贈与契約の効力が生ずる双務契約であり，一種の停止条件付贈与契約である。

　税務上，死因贈与は実質的に遺贈と同様の経済的効果があることから，贈与税ではなく相続税が課税される。相続税の納税義務者の規定において「相続又

は遺贈（贈与をした者の死亡により効力を生ずる贈与を含む）により財産を取得した個人…」（相法1の3①）とされ，相続税の課税原因とされている。

なお，「遺贈」とは，遺言によって，遺産の全部又は一部を相続人その他の者に無償で譲与することをいう。被相続人による単独行為で要式行為（一定の方式によることを必要とする行為）である。

【民法554条　死因贈与】
　贈与者の死亡によって効力を生ずる贈与については，その性質に反しない限り，遺贈に関する規定を準用する。

こんな場合は認められない?!　事例でチェック

Q 定期贈与の場合の贈与税

親から毎年100万円ずつ10年間にわたって贈与を受ける場合，各年の受贈額は110万円の基礎控除額以下になるので，贈与税の申告は必要ないか。

A 各年の受贈財産価額が基礎控除額（110万円）以下である場合には，贈与税の申告は不要である。

ただし，10年間にわたって毎年100万円ずつ贈与を受けることが贈与者との間で約束されている場合には，1年ごとに贈与を受けたと考えるのではなく，その約束をした年に，1,000万円の贈与があったものとして贈与税が課税される。具体的には，10年間に分割して支払う有期定期金の権利を贈与する契約をしたとして，定期金に関する権利の評価により計算がされ，贈与税の基礎控除額を超えることになるため贈与税の申告が必要になる（相法24，相基通24－1）。

このように，贈与契約が定期贈与でされる場合には，贈与税の負担が重くなることがあるため，毎年の贈与の際，贈与契約を行うようにすることで，贈与税の負担を軽減させることが必要である。

3 贈与税の概要

贈与税はどのような制度なのかについて概説する。

1 贈与税の概要

人の一生の経済活動の精算は相続税でまとめて行われる。どのような原資の蓄財であっても，相続開始時点で被相続人に帰属する財産は原則としてすべて相続財産として相続税の課税の対象となる。相続税は所得税の補完税ともいわれる所以である。

しかし，最終課税を目途としている相続税を逃れるために，生前に相続人その他の親族等に財産を分散させる行為が行われれば，相続税を回避することができ，相続税そのものの存在理由がなくなってしまう。

《贈与税の趣旨》

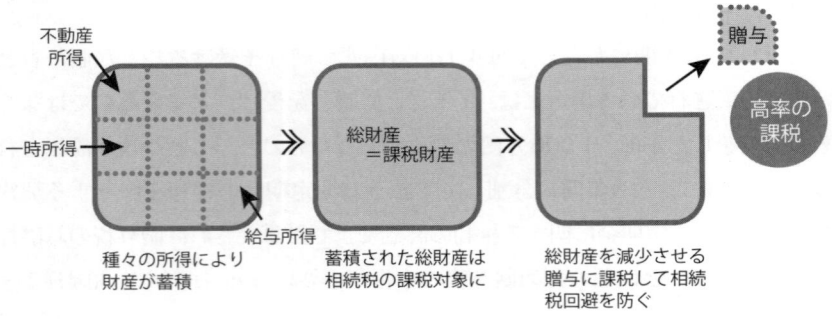

そこで，相続等により財産を取得した場合と，生前贈与が行われた場合との税負担の公平を図り，かつ，このような財産の分散に歯止めをかける目的で贈与税が創設された。生前贈与に対して課税する税金である。

このようなことから贈与税は相続税の補完税といわれている。贈与税は相続税の補完機能を有しているため，相続という事実が発生しない法人からの贈与について贈与税は課税されない（この場合，一時所得として所得税が課税される）。

なお，贈与税は，相続税に比して課税最低限が低く，また，税率も累進度合いが高く定められている。生前に財産を分散する行為を抑制する高い税率となっている。

平成25年度税制改正において，贈与者の保有する資産の早期活用を目途として緩和策が講じられた。ただし，課税価格3,000万円を超える場合の最高税率が55％となった。この改正は平成27年1月1日以降の贈与について適用される。

▼一般の贈与税の速算表

現行税率	ロ　上記イ以外の贈与財産に係る贈与税の税率
200万円以下の金額……10％	現行税率と同じ
300万円以下の金額……15％	現行税率と同じ
400万円以下の金額……20％	現行税率と同じ
600万円以下の金額……30％	現行税率と同じ
1,000万円以下の金額…40％	現行税率と同じ
―	1,500万円以下の金額…45％
1,000万円超の金額……50％	3,000万円以下の金額…50％
―	3,000万円超の金額……55％

現行の一般の税率の他に，直系尊属から贈与を受けた場合の緩和税率が創設された。

この税率を適用できる要件は次のとおりである。

- 贈与者の要件：受贈者の直系尊属であること
- 受贈者の要件：贈与者の直系卑属であること（孫・ひ孫も適用できる）
　　　　　　　　20歳以上であること

第1章　贈与の基本

▼直系尊属から贈与を受けた場合の贈与税の速算表

現行税率	イ 20歳以上の者が直系尊属から贈与を受けた財産に係る贈与税の税率
200万円以下の金額……10%	現行税率と同じ
300万円以下の金額……15%	400万円以下の金額……15%
400万円以下の金額……20%	600万円以下の金額……20%
600万円以下の金額……30%	1,000万円以下の金額…30%
1,000万円以下の金額…40%	1,500万円以下の金額…40%
—	3,000万円以下の金額…45%
1,000万円超の金額……50%	4,500万円以下の金額…50%
—	4,500万円超の金額……55%

　近年は高齢化社会となり，資産を保有する者の高齢化が進んでいる。齢を重ねるごとに資産の活用が鈍化する傾向にあり，この塩漬けとなった資産を如何に社会の中に環流させるかというのが課題となっている。その，活用の一環として贈与税の緩和策が打ち出されている。平成15年から相続時精算課税制度を導入し，65歳以上の親から20歳以上の子が贈与を受けた場合，2,500万円までの特別控除が適用できることとなった。

　平成25年からはやはり相続時精算課税制度の要件を緩和し，60歳以上の祖父から20歳以上の孫への贈与の場合でも2,500万円の特別控除が適用されることとなった。更に直系尊属からの贈与については税率そのものを緩和することにより、早期の資産の移転を促す税制となっている。

2 贈与税の変遷

　贈与税制度は以下の変遷を遂げて現在の課税制度に至っている。

▼贈与税の変遷

明治38年	相続税法の創設。相続開始前1年以内の贈与財産を相続税の課税価格に算入する制度が創設。
昭和22年	一生の累積課税制度の贈与税の創設。
昭和25年	シャウプ勧告を受け贈与税が廃止され相続税に一本化。
昭和28年	基礎控除額10万円。暦年課税方式に変更。
昭和50年	基礎控除額60万円。最高税率75％。
平成13年	基礎控除額110万円。
平成15年	相続時精算課税制度の創設。最高税率50％。
平成21年	非上場株式等の納税猶予制度の創設。住宅取得等資金の贈与税の非課税の特例の創設。
平成25年	教育資金一括贈与制度の創設。
平成27年（予定）	暦年課税の税率の緩和。直系尊族からの贈与の場合の税率の創設。相続時精算課税適用要件の緩和。

第1章 贈与の基本

4 現行贈与税の制度

現行の贈与税の申告方式には基礎控除110万円を適用する暦年課税と一定の要件のもと特別控除2,500万円を選択適用できる相続時精算課税がある。暦年課税も相続時精算課税も平成25年度税制改正により，税率や適用要件が緩和される。

1 課税方式

贈与税の課税制度には，「暦年課税」と「相続時精算課税」の二つがある。

かつては，3年間の累積課税方式もあったが，昭和50年から1年ごとの受贈財産に対して贈与税が課税される暦年課税となった。平成15年以降一定の要件に該当した場合「相続時精算課税制度」を選択することができることとなった。暦年課税と相続時精算課税は，贈与者ごとに異なる課税方式を選択することできる。

2 暦年課税制度

暦年課税制度の概要は以下のとおりである。

1 概要

各年の1月1日から12月31日までの1年間に贈与を受けた財産の価額の合計額を基に贈与税額を計算する方式である。

その財産の価額の合計額が基礎控除額である110万円を超える場合には，贈与税の申告と納税を行う。1年間に2人以上の人から贈与を受けた場合や，同一人から2回以上にわたって贈与を受けた場合であっても，それらの贈与を受けた財産の合計額が110万円を超える場合には申告が必要である。

2 計算方法

贈与財産の価額の合計額（課税価格）から，基礎控除額110万円を控除した

金額に贈与税の速算表により税率及び控除額を適用し，贈与税額を計算する。

3 相続時精算課税制度

　将来において相続関係に入る一定の親子間の資産移転について，生前における贈与による資産の移転の円滑化に資することを目的として，平成15年に相続時精算課税制度が創設された。

　相続時精算課税制度は，贈与された財産の累積額から特別控除（2,500万円）を差し引いた後の金額に20％の一定税率を乗じて贈与税を納めておき，相続時に精算する制度である。従来の贈与税（暦年課税）の対象であったものを相続税の対象とし，贈与時に相続税の予納をさせるものであり，財産価額が変わらない限り，相続による資産の移転と贈与による資産の移転との間に税負担の差異は生じないこととなる。

　相続時精算課税制度は年齢要件等（65歳以上の親から，20歳以上である推定定相続人である直系卑属への贈与）があり選択制ではあるものの，一生累積課税に近い制度であるといえる。

4 現行贈与税の特例等

　元来，贈与税の課税はシンプルなものであったが，近年は事業承継や高齢者の資産の早期活用等政策的見地から贈与税の課税方式が見直され，複雑な税制の一つとなってきている。

　贈与税には次の特例が設けられている。
- 相続時精算課税（相法21の9）
- 贈与税の配偶者控除（相法21の6）
- 直系尊属から住宅取得等資金の贈与を受けた場合の贈与税の非課税の特例（措法70の2）
- 特定の贈与者から住宅取得等資金の贈与を受けた場合の相続時精算課税

の特例（措法70の3）
○　農地等を贈与した場合の贈与税の納税猶予の特例（措法70の4）
○　非上場株式等についての贈与税の納税猶予の特例（措法70の7）
○　教育資金の一括贈与の非課税の特例（措法70の2の2）

5 暦年課税の贈与

暦年課税の贈与とは，単年度で課税関係が完結するシンプルな税制である。相続開始前3年以内の贈与を除けば相続税に影響しない。

1 贈与税の課税時期

贈与税の課税価格は，その年1月1日から12月31日までの間に贈与により取得した財産及び贈与により取得したとものとみなされる財産の価額の合計額である。

2 課税価格（受贈価額の合計額）の計算

1年間に贈与を受けた財産の合計額を計算する。
同一贈与者から2回以上又は，数人から贈与を受けた場合でも受贈者ごとの1年間の合計額で計算する。本来の贈与財産のみならず，保険料を負担していない生命保険金や債務免除益等のみなし贈与財産も加算する。

> 受贈財産の合計額＝本来の贈与財産＋みなし贈与財産－非課税財産

3 贈与税の基礎控除（相法21の5，措法70の2の2）

暦年課税の基礎控除額は110万円である。
基礎控除額は申告の有無に関係なく適用されるため，受贈財産価額が110万円を超えない場合は贈与税の申告は不要である。

4 税額の計算

　贈与税の課税価格は，1年間に贈与を受けた財産の合計額から基礎控除額を控除した額である。なお贈与税の配偶者控除の適用がある場合は，その額を控除する。

> 課税価格＝受贈財産の合計額－配偶者控除額－基礎控除
> 贈与税額＝課税価格×税率－控除額

5 税率

　贈与税の税構造は超過累進税率となっている。簡便な速算表は次のとおりである。課税価格500万円の場合次の算式となる。

　500万円×0.3－65万円＝85万円

▼贈与税の速算表

基礎控除後の課税価格	税　率	控除額
200万円　以下	10%	－
300万円　以下	15%	10万円
400万円　以下	20%	25万円
600万円　以下	30%	65万円
1,000万円　以下	40%	125万円
1,000万円　超	50%	225万円

贈与税申告書の記載例

Q 　暦年課税の贈与

　山田一郎に，父である山田太郎，祖父である山田幸一からそれぞれ財産が贈与された。

A 贈与税の申告書（第一表）は以下のように記載する。

　なお，贈与契約書の記載例も参考までに示した。

　　贈与者①：山田　太郎（一郎の父）

　　贈与財産：現金100万円　　　贈　与　日：平成25年5月10日

　　贈与者②：山田　幸一（一郎の祖父）

　　贈与財産：上場株式3,000株　　贈　与　日：平成25年7月28日
　　　　　　　（1株当たり480円）

◇贈与契約書（例）

贈　与　契　約　書

　贈与者　山田幸一（以下「甲」という）と受贈者　山田一郎（以下「乙」という）との間で，下記のとおり贈与契約を締結した。

第1条　甲は，その所有する下記の財産を乙に贈与するものとし，乙はこれを受諾した。

（財産の表示）
　1．有価証券　　銘柄：○○株式会社
　　　　　　　　株式の種類及び株式数：　普通株式　　3,000株

第2条　甲は当該財産を平成25年7月末日までに乙に引き渡すものとする。

　上記契約成立の証として本書を2通作成し，甲乙ともに各自1通ずつ保存するものとする。

　　平成25年7月28日
　　　　　贈与者（甲）　住所　東京都中央区○○　△丁目×－×
　　　　　　　　　　　氏名　山田　幸一　　印
　　　　　受贈者（乙）　住所　東京都中央区○○　△丁目×－×
　　　　　　　　　　　氏名　山田　一郎　　印

平成25年分贈与税の申告書

日本橋 税務署長
平成26年 3月10日提出
整理番号 FD4723

提出用

住所・氏名等

- 住所: 〒×××-××××（電話 ××-××××-××××）中央区○○△丁目×-×
- フリガナ: ヤマダ イチロウ
- 氏名: 山田 一郎 ㊞
- 生年月日: 昭和 35年06月20日
- 職業: 会社員

I 暦年課税分

贈与者1
- 住所: 中央区○○△丁目×-×
- フリガナ: ヤマダ タロウ
- 氏名: 山田 太郎
- 続柄: 父
- 生年月日: 昭和25年3月12日
- 財産の種類・細目: 現金・預貯金等／現金
- 所在場所等: 中央区○○△丁目×-×
- 財産を取得した年月日: 平成25年05月10日
- 財産の価額: 1,000,000円

贈与者2
- 住所: 中央区○○△丁目×-×
- フリガナ: ヤマダ コウイチ
- 氏名: 山田 幸一
- 続柄: 祖父
- 生年月日: 大正14年8月19日
- 財産の種類・細目: 有価証券／上場株式等
- 所在場所等: ○○株式会社／○○証券 △△支店
- 数量: 3,000株
- 単価: 480
- 財産を取得した年月日: 平成25年07月28日
- 財産の価額: 1,440,000円

税額計算

項目	番号	金額
財産の価額の合計額（課税価格）	①	2,440,000
配偶者控除額	②	
基礎控除額	③	1,100,000
②及び③の控除後の課税価格（①-②-③）【1,000円未満切捨て】	④	1,340,000
④に対する税額	⑤	134,000
外国税額の控除額	⑥	
差引税額（⑤-⑥）	⑦	134,000

II 相続時精算課税分

項目	番号	金額
特定贈与者ごとの課税価格の合計額	⑧	
特定贈与者ごとの差引税額の合計額	⑨	

III 合計

項目	番号	金額
課税価格の合計額（①+⑧）	⑩	2,440,000
差引税額の合計額（納付すべき税額）（⑦+⑨）【100円未満切捨て】	⑪	134,000
農地等納税猶予税額	⑫	
株式等納税猶予税額	⑬	
申告期限までに納付すべき税額（⑪-⑫-⑬）	⑭	134,000
差引税額の合計額（納付すべき税額）の増加額	⑮	00
申告期限までに納付すべき税額の増加額	⑯	00

作成税理士の事務所所在地・署名押印・電話番号 ㊞
□ 税理士法第30条の書面提出有
□ 税理士法第33条の2の書面提出有

6 暦年課税の贈与の税率の改正

平成25年度税制改正で贈与税の活用促進のために、暦年課税の贈与税率が改正された。ただし、課税価格3,000万円を超えた場合の最高税率は相続税と同様55％になった。

1 贈与税率の改正の趣旨

　我が国は急速に高齢化社会に移行している。長寿社会は喜ばしいことであるが、個人の保有する金融資産約1,500兆円のうち60歳以上の高齢者の保有が約6割といわれている。市場に出回らず塩漬けになっているこれらの高齢者の資産を早期活用する目的で贈与税の税率緩和が求められていた。

　贈与税は相続税の補完税と称されており、相続税で課税される財産の生前の移転に対して基礎控除が低く抑えられ、税率も高いものとなっている。平成25年度の改正により、贈与税率を多少緩和し早期の資産の移転が企図されている。

昭和50年以降の贈与税の税率構造の推移は次のとおりである。

	昭和50年 （14段階）		昭和63年 （13段階）		平成4年 （13段階）		平成15年～現行 （6段階）	
	【課税価額】	【税率】%	【課税価額】	【税率】%	【課税価額】	【税率】%	【課税価額】	【税率】%
税率	50万円以下	10	100万円以下	10	150万円以下	10	200万円以下	10
	70万円以下	15	120万円以下	15	200万円以下	15	300万円以下	15
	100万円以下	20	150万円以下	20	250万円以下	20	400万円以下	20
	140万円以下	25	200万円以下	25	350万円以下	25	600万円以下	30
	200万円以下	30	300万円以下	30	450万円以下	30	1,000万円以下	40
	280万円以下	35	400万円以下	35	600万円以下	35	1,000万円 超	50
	400万円以下	40	600万円以下	40	800万円以下	40		
	550万円以下	45	800万円以下	45	1,000万円以下	45		
税率	800万円以下	50	1,200万円以下	50	1,500万円以下	50		
	1,300万円以下	55	2,000万円以下	55	2,500万円以下	55		
	2,000万円以下	60	3,000万円以下	60	4,000万円以下	60		
	3,500万円以下	65	7,000万円以下	65	1億円以下	65		
	7,000万円以下	70	7,000万円 超	70	1億円 超	70		
	7,000万円 超	75						

（税制調査会資料）

2　改正の内容

　課税価額1,000万円を超え1,500万円以下のものについて45%に緩和された。ただし，3,000万円を超える贈与については税率が55%となる。
　税率構造の概要は次の図のとおりである。

《贈与税の課税価格》

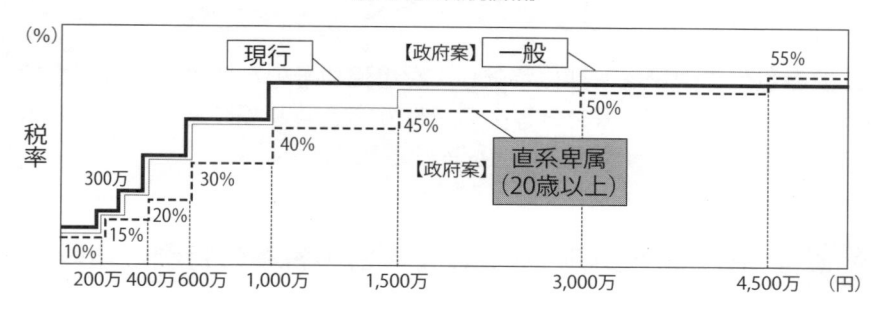

（税制調査会資料）

3　贈与税の速算表

新しい贈与税の速算表は次のとおりである。

基礎控除後の課税価格	税　率	控除額
200万円以下	10%	—
300万円以下	15%	10万円
400万円以下	20%	25万円
600万円以下	30%	65万円
1,000万円以下	40%	125万円
1,500万円以下	45%	175万円
3,000万円以下	50%	250万円
3,000万円超	55%	400万円

4　改正された税率の適用時期

　平成27年1月1日以後に贈与により取得する財産に係る贈与税について適用される。

7 直系尊属から贈与を受けた場合の贈与税の税率の創設

高齢者世代の財産を早期に移転し，次世代やその次の世代の活用を促進するため，父母や祖父母等直系尊属から贈与を受けた場合，一般の贈与税率とは異なる緩和された税率が適用される。

1　直系尊属から贈与を受けた場合の税率の特例の趣旨

　贈与税は，相続税対策として親子夫婦間で活用されることが大半で，直系尊属卑属間での贈与税の活用促進の一環として，贈与税の緩和が強く言われてきた。

　高齢者世代の保有する資産を現役世代により早期に移転させ，その有効活用を通じて経済の活性化につなげるため，子や孫等が受贈者となる場合の贈与税の税率構造の見直しが行われ，特に直系尊属から効果的に若年世代に資産が移転するよう一般の税率とは異った緩和税率を創設した。

　昭和50年以降の贈与税の税率構造の推移は次のとおりである。

《世帯主の年齢階級別資産残高の分布の推移》

高齢化の進展や資産移転時期の高年齢化に伴い，高齢者層が保有する資産の割合が高まってきている。

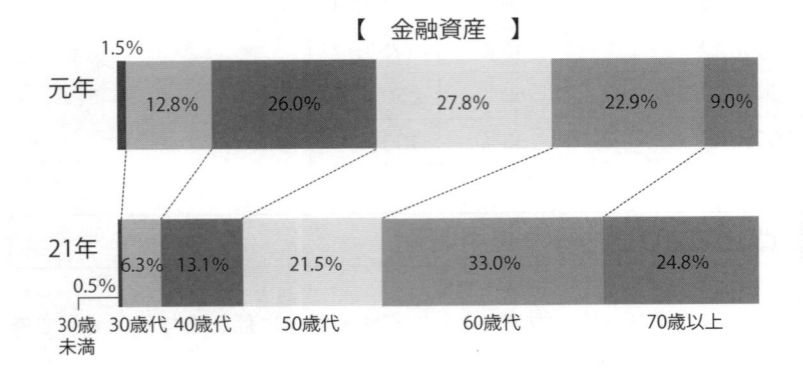

【　金融資産　】

	30歳未満	30歳代	40歳代	50歳代	60歳代	70歳以上
元年	1.5%	12.8%	26.0%	27.8%	22.9%	9.0%
21年	0.5%	6.3%	13.1%	21.5%	33.0%	24.8%

【　資産総額（純資産）　】

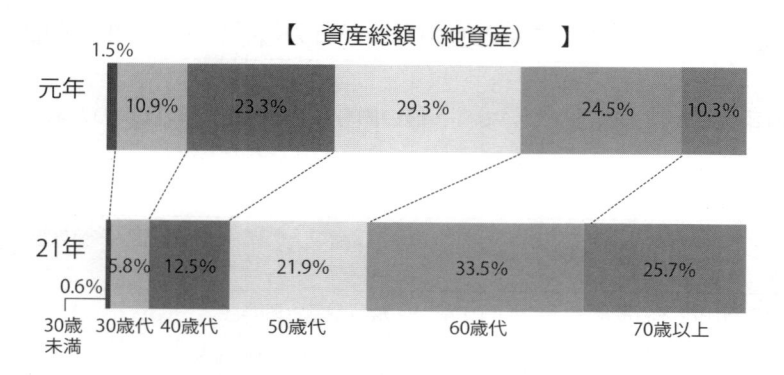

	30歳未満	30歳代	40歳代	50歳代	60歳代	70歳以上
元年	1.5%	10.9%	23.3%	29.3%	24.5%	10.3%
21年	0.6%	5.8%	12.5%	21.9%	33.5%	25.7%

(注) 1. 総務省「全国消費実態調査」（2人以上の世帯）により作成。
   2. 「金融資産」は，貯蓄現在高（負債現在高控除前）による。なお，「貯蓄現在高」は，郵便局・銀行・その他の金融機関への預貯金，生命保険・損害保険の掛金，株式・債券・投資信託・金融信託等の有価証券と社内預金などの金融機関外への貯蓄の合計。
   3. 「資産総額」は，金融資産（貯蓄現在高），実物資産，負債（負債現在高）の合計。
   4. 「実物資産」は，自宅・宅地，耐久消費財，ゴルフ会員権等の資産（H21年のみ）の合計。

（税務調査会資料）

《相続税の申告からみた被相続人の年齢の構成比》

> 被相続人の高齢化が進んでおり，相続による若年世代への資産移転が進みにくい状況となっている。

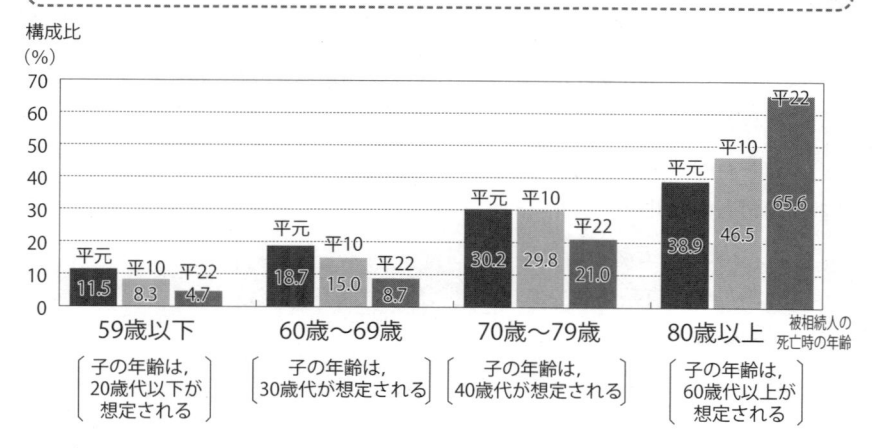

構成比(%)

被相続人の死亡時の年齢	平元	平10	平22
59歳以下	11.5	8.3	4.7
60歳〜69歳	18.7	15.0	8.7
70歳〜79歳	30.2	29.8	21.0
80歳以上	38.9	46.5	65.6

- 59歳以下　〔子の年齢は，20歳代以下が想定される〕
- 60歳〜69歳　〔子の年齢は，30歳代が想定される〕
- 70歳〜79歳　〔子の年齢は，40歳代が想定される〕
- 80歳以上　〔子の年齢は，60歳代以上が想定される〕

（税務調査会資料）

2 一般の贈与税の税率と直系尊属からの贈与の場合の税率の比較

直系尊属からの贈与について，一般の贈与税の税率と比較は次のとおりである。

一般の税率		20 歳以上の者が直系尊属から贈与を受けた財産に係る贈与税の税率	
200 万円以下の金額	10%	現行税率と同じ	10%
300 万円以下の金額	15%	400万円以下の金額	15%
400 万円以下の金額	20%	600万円以下の金額	20%
600 万円以下の金額	30%	1,000万円以下の金額	30%
1,000 万円以下の金額	40%	1,500万円以下の金額	40%
1,500 万円以下の金額	45%	3,000万円以下の金額	45%
3,000 万円以下の金額	50%	4,500万円以下の金額	50%
3,000 万円超の金額	55%	4,500万円超の金額	55%

3 適用の要件

直系尊属から贈与を受けた場合の特例税率の適用要件は次のとおりである。

① 贈与者の要件

　受贈者の直系尊属であること

② 受贈者の要件

　・20歳以上であること

　・贈与者の直系卑属であること（孫・曾孫等を含む）

③ 贈与物件の要件

　特にない

④ 税率表

　贈与税の速算表は次のとおりである。

最高税率は相続税の税率に平仄を合わせる形で，課税価格4,500万円超の部分について55％が適用されることに留意が必要である。

基礎控除後の課税価格	税率	控除額
200万円以下	10％	―
300万円以下	15％	10万円
600万円以下	20％	30万円
1,000万円以下	30％	90万円
1,500万円以下	40％	190万円
3,000万円以下	45％	265万円
4,500万円以下	50％	415万円
4,500万円超	55％	640万円

4　適用時期

　平成27年1月1日以後に贈与により取得する財産に係る贈与税について適用される。

こんな場合は認められない?!　事例でチェック

Q　相続税対策として活用できるか

子や孫に対して贈与をした場合，相続税対策となるか。

A 相続税対策に贈与税の活用を切り離して考えられない。
　相続税対策のポイントは贈与税をいかに上手に活用するかにある。相続があった場合の相続税の仮計算を行い，贈与税の負担と相続税の負担を比較衡量して対策を進めることができる。特に孫への贈与は，財産の承継を1世代飛ばすことになるので有効である。また，近年贈与税の緩和策が次々と打ち出され

ているので有効活用する。贈与税の負担を無視して，財産の移転をした場合，相続税の際のトラブルの元となることもある。

Q 贈与者の相続財産に加算するか

20歳以上の孫が5人いるので贈与税の緩和税率を適用して贈与をしようと考えているが，私が死んだらその贈与財産は私の相続財産に加算されるか。

A

孫が直系尊属である祖父母から贈与を受け，贈与者が死亡した場合の相続税の計算において，孫が相続又は遺贈により財産を取得していない場合には，贈与財産の価額は相続財産に加算されない。相続税対策は，この点の比較考量を十分に行う。

Q 直系尊属からの贈与税の計算

私は父から平成27年1月に500万円の贈与を受ける予定である。この場合の贈与税額はいくらになるか。なお私は贈与を受ける時には29歳である。

A

平成25年1月1日以降に，20歳以上の者が直系尊属から贈与を受けた場合は「直系尊属から贈与を受けた場合の贈与税率」を適用できる。この場合の贈与税額は次のとおりである。

500万円×20％－30万円＝70万円

8 贈与税の申告と連帯納付義務

贈与税は，贈与があった年の翌年2月1日から3月15日までに申告と納税をする。受贈者が納税できない場合，贈与者に連帯納付義務があることに留意する。

1　贈与税の申告と納税

　贈与税の納税義務者は申告書を提出した者である。受贈者が申告と同時に納税の義務も負う。

1　贈与税の申告書の提出

　贈与があった年の翌年2月1日から3月15日までに課税価格，贈与税額等を記入した申告書を納税地の税務署長に提出する（相法28）。

2　贈与税の納付期限

　贈与があった年の翌年3月15日までに納付する（相法33）。

3　納税

① 受贈者の所轄の税務署の窓口若しくは金融機関を通じ，現金納付することが原則である。
② 電子納税を利用する

・インターネットバンキング等を利用する場合

　ペイジー対応の金融機関のATMやインターネットバンキングを利用して贈与税を納付できる。

・ダイレクト納付を利用する場合

　事前に税務署に届出をしておけば，e-Taxを利用して電子申告等又は納付情報登録をした後に，簡単な操作で届出をした預貯金口座からの振替により即時又は期日を指定して贈与税を納付できる。

4 延納

納期限までに金銭により一時に納付することが困難な事由がある場合で，一定の要件を満たしているときには，例外的な納付方法である延納が認められる。

■ 延納の要件

次の表の要件の全てを満たす場合に，延納の許可が受けられる。

① 贈与税額が10万円を超えていること
② 納期限までに金銭で納付することを困難とする事由があり，その納付を困難とする金額の範囲内であること
③ 納期限までに申請書及び担保提供関係書類を提出すること
④ 延納税額（利子税を含む）に相当する担保を提供すること
  ・延納税額が50万円未満で，かつ，その延納期間が3年以内であるときには，担保を提供する必要はない。

■ 延納期間及び延納利子税

イ 延納期間

贈与税の延納期間は，申請に基づき，その者の事業の継続又は生活の状況等を考慮し，5年以内となる。

ロ 延納利子税

延納税額には年6.6％の割合で利子税がかかる。

ただし，分納期間の開始の日の属する月の2月前の月の末日において日本銀行が定める基準割引率に4％を加算した割合が，年7.3％に満たない場合には，その分納期間においては次の算式により計算した割合（0.1％未満の端数切り捨て）になる。

$$6.6\% \times \frac{（日本銀行が定める基準割引率）+ 4\%}{7.3\%}$$

ハ 平成25年度税制改正

平成25年度税制改正で利子税の改正が行われている。

利子税については，「年7.3％」と「特例基準割合」のいずれか低い割合と

なる。相続税及び贈与税に係る利子税は，これらの利子税の割合に特例基準割合が年7.3％に占める割合を乗じて得た割合に改正された。

延納利子税は，改正前と同様に納付遅滞となっていない場合に課されるものであるため，延滞税の約定利息と同等と考えられ，平成25年を基準とすると特例基準割合となるため年2.0％となる。

平成26年1月1日以後の期間に対応する延納利子税について適用される。

【相続税法1条の4第1号　贈与税の納税義務者】
　贈与により財産を取得した個人で当該財産を取得した時においてこの法律の施行地に住所を有するもの

【相続税法33条　納付】
　期限内申告書又は第31条第2項の規定による修正申告書を提出した者は，これらの申告書の提出期限までに，これらの申告書に記載した相続税額又は贈与税額に相当する相続税又は贈与税を国に納付しなければならない。

2　贈与税の納税資金

受贈財産が現金・預貯金・上場株式等換金が簡単な流動資産であれば納税資金の手当ても容易である。

受贈者の大半は贈与者の子や孫である。高額な不動産の贈与を受けてもそれに見合う贈与税を負担できない場合がある。資金の贈与等納税も配慮した上で贈与することが重要である。

3　贈与税の連帯納付義務

贈与税の納税義務者は受贈者である。受贈財産の価額に応じた贈与税額を納税する義務がある。

しかし，受贈者の納税額に対して贈与者に「連帯納付義務」があり，贈与者

が連帯して贈与税を払わなければいけないことになっている。連帯納付の限度額は，次のように計算される。

■ 相続時精算課税の適用を受ける財産の場合

その贈与により財産を取得した者のその財産を取得した年分においてその財産について計算された贈与税額（2,500万円特別控除後の20％相当額）

■ 暦年課税の適用を受ける財産の場合

その贈与により財産を取得した者のその財産を取得した年分の贈与税額にその財産の価額がその年分の贈与税の課税価格に算入された財産の価額のうちに占める割合を乗じて算出した金額

【相続税法34条4項　連帯納付の義務】

　財産を贈与した者は，当該贈与により財産を取得した者の当該財産を取得した年分の贈与税額に当該財産の価額が当該贈与税の課税価格に算入された財産の価額のうちに占める割合を乗じて算出した金額として政令で定める金額に相当する贈与税について，当該財産の価額に相当する金額を限度として，連帯納付の責めに任ずる。

【相続税法基本通達34-3：連帯納付の責めにより相続税又は贈与税の納付があった場合】

　法第34条第1項又は第4項の規定による連帯納付の責めに基づいて相続税又は贈与税の納付があった場合において，その納付が相続若しくは遺贈により財産を取得した者又は贈与により財産を取得した者がその取得した財産を費消するなどにより資力を喪失して相続税又は贈与税を納付することが困難であることによりなされたときは，8-3の取扱いの適用はないのであるから留意する。（平元直資2-207追加）

　（注）　法第34条第1項又は第4項の規定による連帯納付の責めに基づいて相続税又は贈与税の納付があった場合において，上記の場合に該当しないときには，8-3の適用がある。

【相続税法基本通達8-3：連帯債務者及び保証人の求償権の放棄】

　次に掲げる場合には，それぞれ次に掲げる金額につき法第8条の規定による贈与があったものとみなされるのであるから留意する。（昭57直資2-177改正）

(1) 連帯債務者が自己の負担に属する債務の部分を超えて弁済した場合において，その超える部分の金額について他の債務者に対し求償権を放棄したとき

　　その超える部分の金額

(2) 保証債務者が主たる債務者の弁済すべき債務を弁済した場合において，その求償権を放棄したとき

　　その代わって弁済した金額

こんな場合は認められない?!　事例でチェック

Q　受贈者に資力がない場合

　祖父は，孫4人（中学生と高校生）に対し，相続税評価額約1億2,000万円（時価1億5,000万円）の宅地を持分贈与する予定である。贈与税額は，祖父が

負担する。

　A贈与税の納税義務者は，受贈者である孫である。孫の資力の喪失等により贈与税を納付できない場合，贈与者である祖父に連帯納付の責任がある。孫は各自受贈財産である時価1億5,000万円の持分がある。祖父が贈与税を孫に代わり納付した場合，その納付した金額が納付した年分の贈与となる。

　土地や同族株式等換金が困難な資産を贈与する場合，贈与税額に相応する現金も加えて贈与することを検討する。

9 贈与税の納税義務者

近年は日本国籍を有しないことに抵抗を感じなくなり、相続人又は受贈者が日本国籍を取得していないことを利用した相続や贈与が行われる事例が散見されるようになってきた。このような国内の相続税や贈与税から逃避することに対して歯止めをかける目的で平成25年の税制改正において、相続人や受贈者が日本国籍を有しない場合でも課税されることとなった。

1 納税義務者の改変

平成11年以前の相続税法においては、国外に住所を有する者が国外に所在する財産の贈与を受けた場合には、贈与税は課税されていなかった。そのため、この制度を利用して、子供を何年か海外へ居住させ、国外財産を贈与することで贈与税を負担せずに財産を移転させる節税策が横行し問題になった。

その弊害を解消するため、平成12年に租税特別措置法において非居住無制限納税義務者が導入され、国籍要件及び、受贈者だけでなく贈与者の住所要件も加えられ手当がなされた。

平成15年の相続税法の改正により相続時精算課税制度の創設に合わせて、租税特別措置法の規定から相続税法の本法規定として整備された。

平成25年4月1日以降は、日本国籍がない相続人や受贈者に対する課税強化のために、納税義務者の改正が行われた。

海外との取引や移動がごく当たり前に行われる近年、納税義務者の判定は贈与税の申告を行う上で非常に重要である。

2 贈与税の納税義務者

贈与税の納税義務者は、原則として贈与により財産を取得した個人であり、

贈与の時における住所によって，次の1～3の3つに分かれる。

▼納税義務者の判定

被相続人 贈与者 / 相続人 受贈者		国内に住所あり	国内に住所なし		
			日本国籍あり		日本国籍なし
			5年以内に国内に住所あり	5年を超えて国内に住所なし	
国内に住所あり		居住無制限納税義務者【国内・国外全財産に課税】	非居住無制限納税義務者【国内・国外全財産に課税】		制限納税義務者【国内財産に課税】
国内に住所なし	5年以内に国内に住所あり				
	5年を超えて国内に住所なし				

1 居住無制限納税義務者

　居住無制限納税義務者とは贈与により財産を取得した個人で，財産を取得した時において日本国内に住所を有するものをいう。

　居住無制限納税義務者に該当する場合，その取得財産の所在のいかんを問わず，その取得した財産の全部について納税義務がある（相法1の4一）。

　居住無制限納税義務者の判定のポイントは次のとおりである。

　① 個人であること
　② 法律の施行地に住所を有すること

2 非居住無制限納税義務者

　非居住無制限納税義務者とは贈与により財産を取得した日本国籍を有する個人で，財産を取得した時において日本国内に住所を有しないものをいう（贈与を受けた者又は贈与をした者が贈与前5年以内のいずれかの時においてこの法律の住所地に住所を有していたことがある場合に限る）。

　非居住無制限納税義務者に該当する場合，その取得財産の所在のいかんを問わず，その取得した財産の全部について納税義務がある（相法1の4二）。

　非居住無制限納税義務者の判定のポイントは次のとおりである。

　① 日本国籍を有する個人であること

②　この法律の施行地に住所を有しないこと
　③　受贈者又は贈与者が，贈与前5年以内のいずれかの時にこの法律の施行地に住所を有していたこと

3　制限納税義務者

　制限納税義務者とは贈与により日本国内にある財産を取得した個人で，財産を取得した時において日本国内に住所を有しないものをいう（上記2の非居住無制限納税義務者に該当する者を除く）。

　制限納税義務者に該当した場合，その取得した財産のうち，日本国内にある財産についてのみ納税義務がある（相法1の4三）。

　制限納税義務者の判定のポイントは次のとおりである。
　①　この法律の施行地内の財産を取得した個人であること
　②　この法律の施行地内に住所を有しないこと
　③　非居住無制限納税義務者（上記2）に該当しないこと

3　平成25年度税制改正

1　改正の概要

　平成25年度税制改正により，日本国内に住所を有しない個人で日本国籍を有しないものが，日本国内に住所を有する者から相続若しくは遺贈又は贈与により取得した国外財産を，相続税又は贈与税の課税対象に加えることとされる。

　下記表の「国外財産にも課税」の部分が変更点である。

▼納税義務者の判定

被相続人 贈与者		相続人 受贈者	国内に住所あり	国内に住所なし		
				日本国籍あり		日本国籍なし
				5年以内に 国内に住所あり	5年を超えて 国内に住所なし	
国内に住所あり			居住無制限 納税義務者 【国内・国外 全財産に課税】	非居住無制限納税義務者 【国内・国外全財産に課税】		国外財産にも課税
国内に住所なし	5年以内に国内に住所あり					制限納税義務者 【国内財産に課税】
	5年を超えて国内に住所なし					

　この改正は，平成25年4月1日以後に相続若しくは遺贈又は贈与により取得する国外財産に係る相続税又は贈与税について適用することになる。

《国外に居住する相続人等に対する相続税・贈与税の課税の適正化》
○　相続人等が国外に居住している場合において，その相続人等が日本国籍を有するときは，国外財産についても課税される一方で，日本国籍を有しないときは課税されない。
○　子や孫等に外国籍を取得させることにより，国外財産への課税を免れるような租税回避事例が生じていることから，相続税・贈与税の納税義務の範囲について検討。

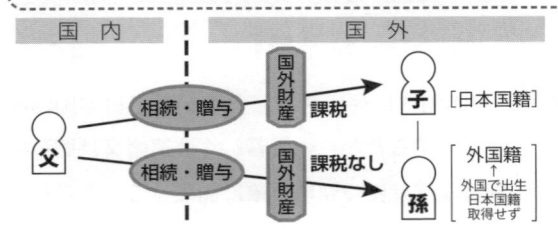

平成23年度
国籍喪失者・取得者数

国籍喪失者	880人
国籍取得者	1,207人

(出典)法務省HPより。
(注)「国籍喪失者」には，外国で出生し外国籍を取得した日本国民で国籍確保しなかった者が含まれ，「国籍取得者」には，この者が日本国籍を取得した場合が含まれている。

(財務省作成資料)

2　国外財産の把握

　今後は日本在住の日本人が，米国在住米国籍の孫に米国債を贈与しても，孫は，日本の贈与税を負担することになる。

　平成26年1月1日から適用される「国外財産調書制度」は，国外にある財産のうち，前年の12月31日現在の時価が5,000万円以上のものについて3月15日までに，その詳細を税務署長に提出することとなっている（国内税の適

正な課税の確保を図るための国外送金等に係る調書の提出等に関する法律（国外送金等調書法））。この制度により，国外財産の所在やその増減が逐一課税当局に把握されることとなる。

4 個人以外の納税義務者

相続税の補完税としての役割りを任っていることにより贈与税の納税義務者は，原則として個人であるが，人格のない社団等や持分の定めのない法人が納税義務者となる場合がある。

1 人格のない社団又は財団に対する贈与

ＰＴＡや同窓会，町内会など，代表者又は管理者の定めのある人格のない社団又は財団に対して財産の贈与があった場合には，その社団又は財団を個人とみなして贈与税が課税される（相法66①②）。

なお，平成20年11月30日までは，受贈金額が法人税の各事業年度の益金の額に算入された場合を除いて贈与税が課税されていたが，同年12月1日以降は，その社団又は財団の各事業年度の所得の金額の計算上，益金の額に算入されるときであっても贈与税を課税することとなった。ただし，その受贈益に法人税等が課税されるときは，その法人税等が贈与税から控除される。

2 持分の定めのない法人等

一般財団法人や一般社団法人，学校法人，社会福祉法人など，持分の定めのない法人に対し，財産の贈与があった場合において，その贈与により贈与者の親族その他これらの者と特別の関係がある者の相続税又は贈与税の負担が不当に減少すると認められるときには，その法人を個人とみなして相続税が課税される（相法66④）。

この場合，上記１と同様に，その法人の所得の金額の計算上，益金の額に算入されるときでも贈与税は課税され，その受贈益に法人税等が課税されるときは，その法人税等が贈与税から控除されることになる。

「持分の定めのない法人」とは，例えば，次に掲げる法人をいう。

① 定款，寄附行為若しくは規則（これらに準ずるものを含む）又は法令の定めにより，当該法人の社員，構成員（当該法人へ出資している者に限る）が当該法人の出資に係る残余財産の分配請求又は払戻請求権を行使することができない法人
② 定款等に，社員等が当該法人の出資に係る残余財産の分配請求権又は払戻請求権を行使することができる旨の定めはあるが，そのような社員等が存在しない法人

こんな場合は認められない?!　事例でチェック

Q　国外財産の贈与を受けた場合の贈与税

父（日本在住）は，海外に居住している長女と長男に，それぞれ国外財産の贈与を行った。

長女は，3年前にアメリカ人と結婚し米国に居住している。また結婚時に米国国籍を取得しているため，日本国籍は有していない。

長男（日本国籍あり）は，1年前に国内の勤務先から韓国支社勤務を命じられ，韓国に赴任。贈与の時において家族で韓国に居住していた。

長女と長男には，贈与税の納税義務があるか。

A　長女は贈与時に米国に居住し，そこに生活の拠点があるとみられるため，制限納税義務者に該当する。かつ，日本国籍を有していないため，国外財産の贈与について贈与税の納税義務はない。平成25年4月1日以降の贈与の場合は贈与税の納税義務者となることに留意する。

長男は，贈与時に韓国に居住をしているが，その居住期間が1年であり，贈与前5年内に日本国内に住所があったことから，非居住無制限納税義務者に該当する。したがって，その取得した財産の所在が日本国内であるか，国外であるかを問わず，贈与によって取得した財産の全部について，贈与税の納税義務がある。

10 財産の取得の時期

贈与による財産の取得の時期の判定は納税義務の確定に重要である。贈与行為は一般的に契約書等が作成されることがないため，財産の取得の時期の判定は慎重を要する。

1　財産の取得の時期

　贈与による財産の取得の時期の判定は，納税義務の時期の確定，納税義務者・制限納税義務者等の判定等に影響するため，重要である。
　これについては，次のように取り扱われる。
1　書面による贈与の場合（相基通1の3・1の4共-8）
　贈与行為は契約である。契約は書面を作成する場合と作成しない場合がある。書面による場合は，その贈与契約が成立し契約書が作成され，贈与契約の効力が発生した時が贈与の時である。停止条件付贈与契約の場合があるが，通常は贈与契約書が作成された時である。
2　書面によらない贈与の場合（相基通1の3・1の4共-8）
　書面によらない贈与とは通常は口頭契約による贈与の場合をいう。財産の取得の時期はその贈与の履行があった時である。
　この場合の「履行の時」とは，取得した財産を現実に管理支配し得る状態になった時をいい，財産につき引渡し又は登記，登録があった時と解される。書面によらない贈与の場合はいつでも撤回できるため，履行されるまでは財産の帰属が不確定の状態であることによる。
3　停止条件付贈与の場合（相基通1の3・1の4共-9）
　財産取得の時期の原則は，上記1，2によるが停止条件付贈与の場合は次による。
　① 停止条件付贈与とはその条件が成就される時まで贈与行為が停止されていることをいい，その条件が成就した時に初めて贈与契約の効力が生じ

る（民法127）。税務上もその条件が成就した時が財産の取得の時として取り扱う。
② 贈与者が死亡後に成就する停止条件付の遺贈の場合であっても，その条件が成就した時が財産の取得の時として取り扱う。

4 農地等の贈与の場合（相基通1の3・1の4共-10）

農地法3条1項若しくは5条1項本文の規定による許可を受けなければならない農地若しくは採草放牧地の贈与又は同項6号の規定による届出をしてする農地等の贈与に係る取得の時期は，その許可があった日又は届出の効力が生じた日後に贈与があったと認められる場合を除き，許可があった日又は届出の効力が生じた日による。

農地等の権利の移転については農地法上の規定の適用を受けるために，このような取扱いとなる。

2 贈与の時期が明確でない場合の特例

不動産や有価証券など，所有権の移転の登記又は登録の目的となる財産について，その贈与の時期が明確でないときは，納税者において特に反証をあげない限り，その登記又は登録があった時に贈与があったものとして取り扱われる。これは，贈与は親族間でなされることが多く，贈与の時期が明確でない場合もあるため，特に設けられたものと考えられる（相基通1の3・1の4共-11）。

3 公正証書等による贈与契約

上記のように贈与による財産の取得の時期は，原則として，書面による贈与か，書面によらない贈与かどうかで判断されることとなるが，その贈与の事実関係等によっては，書面による贈与であっても，書面の内容どおりに贈与があったものとはせずに課税処分がされる場合がある。

公正証書による贈与が否認されたものとして，平成11年6月25日の最高裁

判決がある。これは、贈与税の課税除斥期間の経過後に登記を行った事例であるが、判決では「登記をすることが所有権を確保するための最も確実な方法であり、登記できないことに何らかの事情がない限り、登記の時が所有権移転の時である」として、贈与税の課税処分は適法とするものであった。

このように、贈与契約書や公正証書等書面による贈与契約があり除斥期間の経過等による贈与税の申告漏れが生じる場合においては、贈与契約書等の表現のみにとらわれるのではなく、これに関連する事実関係を総合的に検討して、その時期を実質的に判断することが必要となる。

こんな場合は認められない?! 事例でチェック

Q 口頭での贈与による財産の取得時期

私は、昨年末に父から土地の贈与を受けたが、親子間であるため、贈与契約書は作成せずに口約束だけになっている。

この土地の上に自己資金で自宅を新築し、今年11月に完成したため、建物と土地の登記を私名義で行った。

父から贈与を受けた土地については、登記を行った日に贈与を受けたとして、来年に贈与税の申告を行えばいいか。

A 書面によらない贈与の場合、その財産の取得の時期は、その贈与が履行された時になる。また、贈与の履行の時が明確ではない場合については、特に反証のない限り、その登記のあった時に贈与があったものとして取り扱われる。

したがって、昨年に贈与を受けたことの証明ができない限り、その登記を行った今年11月が取得時期となるので、来年3月15日までに贈与税の申告を行えばよい。

Q 土地建物の贈与契約があった場合

父は今年3月に死亡した。財産整理をしていたら10年前に貸家とその敷地

を私に贈与する契約書があった。確かに契約書に押印した記憶があるが，家賃収入は父が受け取り確定申告も父が行っていた。

A 贈与契約書が作成されていたとしても，贈与があったとは認められない場合がある。贈与者がその収入や経費の支払い等，贈与財産を管理し運用しており所得税の確定申告も贈与者が行っていること等，総合的に判断したところ，贈与事実が認められない。相続財産になると思われる。

Q 贈与税を納めていたら贈与は成立するか

祖父は孫名義の預金を作り，その通帳は祖父自ら管理していた。贈与税の申告をしておけばいいと助言されて，孫の贈与税の申告をしていた。祖父の死亡後，孫名義預金は相続税として申告しなかった。相続税の調査でこの預金は祖父の名義預金ではないかと指摘された。

A 贈与税の申告は，あくまでも贈与事実が前提となる。質問者の場合，孫は預金が自分名義となったことを知らず，通帳の管理も預金の運用も行っていない。これは，祖父が孫の名義を借用して自分の預金を運用していると判断される。

　贈与事実の伴わない贈与税の申告と納税は無用の混乱を招くだけである。

11 贈与税の非課税財産

無償による財産の移転があった場合，原則として贈与税の課税対象となるが，社会性公益性が強い，又は国民感情を考慮する等の理由で非課税とされる場合がある。

1 贈与税の非課税財産

贈与税は，贈与を受けた財産及び財産的価値のあるもの全てに対して課税することを原則としている。ただし，その財産の性質や贈与の目的などからみて，次に掲げる財産については，贈与税が課税されない（相法21の3）。

1 法人からの贈与により取得した財産

贈与税は相続税の補完税として設けられていることから，贈与者は個人に限られる。したがって法人からの財産の贈与は一時所得として所得税の課税対象となる。ここでいう「法人」には国，地方公共団体，外国法人が含まれる（相基通21の3-1）。

2 扶養義務者の間で生活費や教育費に充てるため取得した財産

扶養義務者相互間において生活費や教育費に充てるために贈与により取得した財産のうち通常必要と認められるものについては，贈与税は課税されない。

この場合の「扶養義務者」とは，配偶者並びに直系血族及び兄弟姉妹等をいい，これらの者の他，3親等内の親族で生計を一にする者についても扶養義務者として取り扱われる（相基通1の2-1）。

また，「生活費や教育費」とは，その者にとって通常の日常生活に必要な費用をいい，治療費，養育費その他これらに準ずるもの又は被扶養者の教育上通常必要と認められる学資，教材費，文具費などに充てるための費用をいう。

なお，この生活費や教育費が非課税となるには，必要な都度直接これらに充てるために渡されたものに限られる。したがって，生活費や教育費の名目で贈与を受けた場合であっても，それを預金や株式，不動産などの買入資金に充て

ている場合には通常必要とされるもの以外とみなされ、贈与税が課税されることになる（相基通21の3-5）。

また、財産の果実だけを生活費又は教育費に充てるために財産の名義変更があった場合には、その名義変更の時にその利益を受ける者がその財産を贈与によって取得したものとされる（相基通21の3-7）。これは高額な財産の名義を書き換えて、その利息のみを贈与するという主張を防ぐ目的である。

3　公益事業等に使用される財産

宗教、慈善、学術その他公益を目的とする事業を行う者が取得した財産で、その公益を目的とする事業に使われることが確実なものが該当する（相法21の3）。

4　特定公益信託等

奨学金の支給を目的とする特定公益信託や財務大臣の指定した特定公益信託から取得した場合で一定の要件に当てはまるもの。

5　精神や身体に障害のある人等に支給される給付金

地方公共団体の条例によって、精神や身体に障害のある人又はその人を扶養する人が心身障害者共済制度に基づいて支給される給付金を受ける権利を取得した場合をいう。

国内に居住する特別障害者が特別障害者扶養信託契約に基づいて信託受益権の贈与を受けた場合には、その信託の際に「障害者非課税信託申告書」を信託会社の営業所を経由して特別障害者の納税地の所轄税務署長に提出することにより、信託受益権の価額（信託財産の価額）のうち、6,000万円までの金額については贈与税が課税されない（相法21の4、相基通21の4-1）。

平成25年の改正で、適用対象者に、精神上の障害により事理弁識する能力を欠く常況にある者その他の精神に障害がある一定の者が加えられた。この者の場合の非課税限度額は3,000万円となる。また、適用対象となる信託契約の終了時期が特別障害者等の死亡の日とされた。

この改正は平成25年4月1日以降の特定障害者扶養信託契約に基づく信託について適用される。

6 選挙費用のために取得した金品

公職選挙法の適用を受ける選挙の候補者が，選挙運動のために金品を取得した場合で，公職選挙法の規定により報告がされているものについては，贈与税が課税されない（相基通21の3-8）。

7 個人から受ける香典等の金品

個人から受ける香典，花輪代，年末年始の贈答，祝物又は見舞などのための金品で，社会通念上相当と認められるものについては，法律上贈与に該当するものであっても社会通念上相当と認められるものには課税されない（相基通21の3-9）。

8 相続や遺贈により財産を取得した人が，相続があった年に被相続人から贈与された財産

相続開始があった年に被相続人から贈与を受けた財産については贈与税の課税対象とせず，相続税の課税対象として相続財産に加算する（相法19，同21の2④）。

相続税法では，相続や遺贈によって財産を取得した相続人が，相続開始前3年以内に，被相続人から贈与を受けた財産がある場合には，その贈与財産の価額を相続税の課税価格に加算して相続税額を算出し，そのかわり，その算出税額から，贈与財産に課された贈与税相当額を控除することになっている。

しかし，相続があった年分の贈与税は，その年が経過しないと確定しないため，贈与税の課税価格から除外して相続税の課税価格に加算することになっている。

こんな場合は認められない?! 事例でチェック

Q 相続があった年に贈与された財産がある場合

私は，今年の2月に父から自社株式の贈与を受けたので，来年3月15日までに贈与税の申告をするよう準備をしていたところ，父が12月に交通事故で死亡した。

父の遺産は5億円近くあるため，相続税の申告が必要になるが，2月に贈与を受けた株式の贈与税の申告はどうすればいいか。

A 父の相続において，相続又は遺贈により財産を取得する場合には，2月に贈与を受けた財産については相続税の課税価格に算入して計算されるため，贈与税は課税されない。したがって贈与税の申告は不要である。

　しかし，相続又は遺贈により財産を取得しなかった場合には，贈与を受けた財産については相続税の対象にはならず，贈与税が課税されることになるので贈与税の申告が必要になる。

第2章
贈与税の課税財産

贈与財産は，土地建物等不動産や現金預貯金，有価証券等，金融資産が主なものである。事実これらの資産の贈与割合は90%を超える。贈与財産の中には，不動産や金融資産等，現物財産の他，低額譲受けや債務免除益のように経済的効果が贈与と変わらないものがある。これらは，みなし贈与財産として贈与税が課税される。

1 贈与財産

贈与税の課税対象となる財産は，不動産や金融資産等の現物財産のほか，営業権等金銭に見積もることができる財産も含まれる。

1 財産

相続税法は，贈与により取得した財産に対して贈与税を課税する旨が規定されているが，その財産の定義については，贈与により取得したとみなされる財産について規定しているだけで，課税される財産についての規定はない（相法1の4，2，5）。

2 財産の意義

相続税法基本通達では，課税される財産を「金銭に見積もることができる経済的価値のあるすべてのものをいう（相基通11の2-1）」と留意的に明らかにしている。具体的には，独立して財産を構成しない，いわゆる取引されることのないものはここでいう財産には該当しないが，法律上の根拠がなくても経済的価値があるものとして取引される営業権やノウハウ等については財産に該当する。個別の財産を列挙するのではなく，予測できない資産の出現にも対応しているといえる。

具体的には次による。

① 財産には，物権，債権及び無体財産権に限らず，信託受益権，電話加入権等が含まれる。
② 財産には，法律上の根拠を有しないものであっても経済的価値が認められているもの，たとえば，営業権のようなものが含まれる。
③ 質権，抵当権又は地役権（区分地上権に準ずる地役権を除く）のように

従たる権利は，主たる権利の価値を担保し，又は増加させるものであって，独立して財産を構成しない。

こんな場合は認められない?! 事例でチェック

Q 営業名義を変更した場合の贈与

私は，長男と小売店を経営しているが，老齢なので，長男にその事業を引き継ぎ，営業名義を長男にしようと考えている。

なお，店舗用の土地と建物については名義変更をしないこととする。この場合，長男に贈与税が課税されるか。

A 営業者の名義変更が行われた場合には，前営業者が非事業用資産として引継ぎを留保したものを除いて，営業の名義変更を行った日に所有している棚卸資産，売掛金，固定資産等の事業用資産の価額の合計金額から，買掛金や事業遂行上生じた借入金等の事業用債務の価額に相当する金額を差し引いた残りの金額について，旧名義人から新名義人に贈与がされたものとして，贈与税が課税されることになる。

また，逆に負債の合計額の方が資産よりも多い場合には，その差額について，旧名義人が贈与を受けたものとして贈与税が課税される。

本件の場合，長男へ承継する事業用資産の合計額が事業用債務の合計額よりも多い場合には，その差額について長男に贈与税が課税されることになる。

なお，店舗用の不動産については名義変更をしないということなので，これに対する贈与税の課税問題は生じない。

2 みなし贈与

贈与税の課税対象となる財産は、現物財産に限らず、契約による贈与ではないが、その経済的効果が実質的に贈与が行われたものと同様の場合も含まれる。特に相続税法において、贈与があったものとみなされるため「みなし贈与」という。

1 みなし贈与とは

財産の移転という行為は、必ずしもお互いの了解を得て行われるわけではない。たとえば、父親が掛けていた生命保険の満期受取金を妻や子供が受け取った場合や父親から時価よりも安い価額で土地を買い取った場合のように、知らず知らずのうちに財産を取得している場合もある。

本来の贈与は、民法549条に規定する贈与契約に基づくものであるが、贈与契約がない場合でも、実質的に贈与行為若しくは贈与事実が認められる場合については、課税の公平・実態に即した課税を行うため、「贈与によって取得したものとみなす（＝みなし贈与）」として、贈与税の課税対象とされる。

2 みなし贈与財産の種類

相続税法上、贈与により取得したものとみなされる場合について、次のとおり規定されている。

各規定の詳細は、別途解説する。

1 保険金受取人以外の者が保険料を負担していた生命保険金等（相法5）

生命保険契約の保険事故（傷害、疾病等の保険事故で死亡を伴わないものを除く）又は損害保険契約の保険事故（偶然な事故に基因する保険事故で死亡を伴うものに限る）が発生したことにより受け取った保険金のうち、保険金の受取人

以外の者が負担した保険料に相当する部分は，贈与により取得したものとみなされる。

2 定期金に関する権利（相法6）

定期金の給付事由が発生した定期金給付契約（生命保険契約を除く）に関する権利のうち，定期金の受取人以外の者が負担していた掛金に相当する部分は，贈与により取得したものとみなされる。

3 低額譲受による利益（相法7）

著しく低い価額の対価で財産を譲り受けた場合には，その財産の時価との差額に相当する金額は，贈与により取得したものとみなされる。

4 債務免除等による利益（相法8）

対価を支払わないで，又は著しく低い価額の対価で債務の免除，引受け又は第三者のためにする債務の弁済に係る利益を受けた場合には，その債務の免除，引受け又は弁済に係る債務の金額に相当する金額は，贈与により取得したものとみなされる。

5 その他の経済的利益（相法9）

前記1から4までに掲げるもののほか，対価を支払わないで，又は著しく低い価額の対価で利益を受けた場合には，その利益の価額に相当する金額は，贈与により取得したものとみなされる。

6 信託に関する権利（相法9の2，9の5）

信託行為や信託に係る受益者の変更などがあった場合の信託（退職年金の支給を目的とする特定の信託を除く）の利益は，贈与によって取得したものとみなされる。

3 生命保険金等の受取りの課税区分

生命保険金を受け取った場合，その支払い原因，保険金掛金の負担者によって課税関係が異なる。

1 保険契約の形態により課税関係が異なる

受け取った生命保険金の課税区分は多岐にわたっている。支払者，被保険者，受取人の区分によって相続税・贈与税・所得税等に分かれ，課税関係が異なるので注意が必要である。

なお，保険料のうち一部を負担している場合は，課税関係はその負担割合で按分する。

【相続税法5条　贈与により取得したものとみなす場合－生命保険金】
　生命保険契約の保険事故又は損害保険契約の保険事故が発生した場合において，これらの契約に係る保険料の全部又は一部が保険金受取人以外の者によって負担されたものであるときは，これらの保険事故が発生した時において，保険金受取人が，その取得した保険金のうち保険金受取人以外の者が負担した保険料の金額のこれらの契約に係る保険料でこれらの保険事故が発生した時までに払い込まれたものの全額に対する割合に相当する部分を当該保険料を負担した者から贈与により取得したものとみなす。

2 課税区分の概要

受け取った保険金の課税関係は次ページの「保険契約の形態による課税関係」のとおりである。課税区分の判断は，原則として，保険料の負担者との関係と保険事故（保険金が支払われることとなった原因）がポイントである。

例として，②の場合，Ａが保険料を支払っていた満期保険金をＡの生存中に

Bが受け取った場合はBがAから贈与により取得したものとみなされ，贈与税の課税対象となる。

Aが保険料を支払っていた保険金を，Aが死亡したことにより，その受取人として指定されていたBが受け取った場合，みなし相続財産として相続税の課税対象となる。

▼保険契約の形態による課税関係

	契約者	被保険者	保険料の負担者	保険金受取人	保険事故等	課税関係	関係法令等
①	A	A	A	A	満期	Aの一時所得となる。	所令183②
					Aの死亡	Aの相続人が相続により取得したものとみなされる。	相法3①一
②	A	A	A	B	満期	BがAから贈与により取得したものとみなされる。	相法5①
					Aの死亡	Bが相続により取得したものとみなされる。（Bが相続を放棄した場合は遺贈による取得）	相法3①一
③	A	A	C	B	Aの死亡	BがCから贈与により取得したものとみなされる。	相法5①
④	A	A	A 1/2 C 1/2	B	満期	BがAとCから贈与により取得したものとみなされる。	相法5①
					Aの死亡	Bは①Aから2分の1を相続により，②Cから2分の1を贈与により取得したものとそれぞれみなされる。	相法3①一 相法5①
⑤	B	B	A	B	Aの死亡	Bが生命保険契約に関する権利を相続により取得したものとみなされる。	相法3①三
⑥	A	B	A	B	Aの死亡	Aの相続人が相続又は遺贈により生命保険契約に関する権利を取得する。	相基通3-36（1）
⑦	A	A	A	B	Bの死亡	課税関係は生じない。	相基通3-34
⑧	A	B	B	A	Aの死亡	課税しない。	相基通3-36（2）

※BはAの父親とする。

61

こんな場合は認められない?! 事例でチェック

Q 生命保険金の負担者が異なる場合

祖母が亡くなり，祖母が生前に契約していた生命保険の保険金500万円を受け取った。この生命保険の保険料は，亡くなるまでに祖母が60万円，父が100万円払い込んでいた。相続財産はこの生命保険金と現金を合わせて2000万円程度であるため，税務手続は何もいらないと考えてよいか？

A 受け取った生命保険金のうち，祖母が払い込んだ保険料に相当する部分は，祖母から相続により取得したものとみなされるが，父が払い込んだ保険料に相当する部分は，父から贈与により取得したものとみなされる。

　　○祖母が払い込んだ保険料に相当する部分
　　　5,000,000円×600,000円／1,600,000円＝1,875,000円
　　○父が払い込んだ保険料に相当する部分
　　　5,000,000円×1,000,000円／1,600,000円＝3,125,000円

したがって，相続税の申告は不要であるが，父から取得したとみなされる3,125,000円について，贈与税の申告が必要である。

Q 生命保険契約の契約者の名義を変更した場合

父が私にかけていた生命保険契約がある。父が定年退職になったので，今年から私が生命保険料を支払うことにして契約者の名義を私に変更した。今まで父が支払った保険料は贈与税の対象となるか。

A 保険契約者の名義を変更したときには課税関係はおきない。満期又は死亡により生命保険金を受取ったときに保険料を負担していなかった部分に相当する金額に対して，贈与税又は相続税が課税される。

生命保険料払込金の贈与

Q 私が契約者及び受取人となっている生命保険契約を父が手続してくれたものがある。私が学生の頃に契約したもので，生命保険料は，父が私に贈与してくれた金で支払っている。満期保険金を受け取った場合，贈与税が課税されるか。

A 父から毎年の契約により生命保険料の贈与を受けて，生命保険料を支払っている。贈与は，子の預金口座に振り込まれている。父は，この契約による生命保険料の支払いについて，所得税の申告において生命保険料控除をしていない。

以上の事実から子は贈与を受けた金員で，生命保険料を子が支払って満期保険金は一時所得となる。

4 低額譲受

親子夫婦等親族間で，対価を伴う取引が行われた場合，市場価額から乖離した価額設定がされることがある。時価に比して著しく低い価額の取引は，実質的に贈与があったものとして，贈与税の対象となる。

1 低額譲受の規定の趣旨

著しく低い価額で財産を譲り受けた場合には，その譲り受けた財産の時価と対価との差額に相当する金額を，譲渡した者から贈与により取得したものとみなされ，贈与税が課税される（相法7）。

この取扱いは，財産の譲渡がなされる場合において，著しく低い価額の対価で財産が譲渡された場合に贈与税の課税がないとすれば，課税の公平を失することになり，とりわけ市場価額を無視した親族間での取引にはこのような例が見受けられることから贈与税の課税の対象になったものである。

ただし，扶養義務者間の債務の弁済資金にまで贈与税を課税することは酷であることから，その部分に限り贈与税の課税を行わないとしている。

《低額譲受に該当するかどうかの判定》

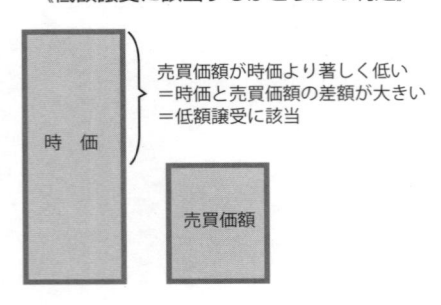

売買価額が時価より著しく低い
＝時価と売買価額の差額が大きい
＝低額譲受に該当

> 【相続税法7条　贈与又は遺贈により取得したものとみなす場合―低額譲受】
> 　著しく低い価額の対価で財産の譲渡を受けた場合においては，当該財産の譲渡があった時において，当該財産の譲渡を受けた者が，当該対価と当該譲渡があった時における当該財産の時価との差額に相当する金額を当該財産を譲渡した者から贈与により取得したものとみなす。
> 　ただし，当該財産の譲渡が，その譲渡を受ける者が資力を喪失して債務を弁済することが困難である場合において，その者の扶養義務者から当該債務の弁済に充てるためになされたものであるときは，その贈与又は遺贈により取得したものとみなされた金額のうちその債務を弁済することが困難である部分の金額については，この限りではない。

　低額譲受とは逆に，その資産の時価に比して不当に高額な売買があった場合にも贈与があったと認定された事例がある。

> 【昭和59年8月23日裁決】
> 　請求人は，その所有する競走馬が，故障馬でその価額が著しく低いものであることを認識していながら，親子という関係を利用して請求人の父に極めて高額で譲渡しているから，父が第三者に転売した時の価額を超える金額は父から贈与を受けたものと認めるのが相当である。

2　対価を伴う取引により取得した土地等及び家屋等の評価について

　土地及び土地の上に存する権利並びに家屋等を，個人間の対価を伴う取引により取得した場合には，「負担付き贈与又は対価を伴う取引により取得した土地等及び家屋等に係る評価並びに相続税法7条9条の規定の適用について（平成元年3月29日付直評6，直資2-204）」により，取得時における通常の取引価額に相当する金額によって評価する。それ以外の財産である場合には，相続税評価額で評価する。

3 「著しく低い価額」の判断

　「著しく低い価額の対価」であるかどうかは，一面的に判定できるものではなく，個々の取引について取引の事情や，取引当事者間の関係等を総合勘案し，実質的に贈与を受けたと認められる金額であるかどうかによる。

　ただし，公開の市場で第三者から売買により財産を取得したような場合は，その取得価額が，たとえその財産と同種の財産に通常付されるべき価額に比べて著しく低いと認められる場合であっても，課税上弊害があると認められる場合を除き，ここにいう著しく低い価額による譲受には該当しない（相基通7-2）。

　また，譲渡があった財産が2以上ある場合には，個々の財産ごとに判定するのではなく，財産の譲渡があった時ごとに一括して判定する（相基通7-1）。

　仮に，時価1億円の土地を相続税評価額8,000万円で譲渡した場合において，時価と相続税評価の差額である2,000万円について，著しく低い価額で財産を譲渡したとして贈与税の課税対象となるのだろうかという疑問が生じる。相続税評価額を対価として父子間で譲渡が行われた場合の取扱いについて争われた事例がある。

【平成19年8月23日東京地裁判決（要旨）】
　土地を路線価額での売買に対して時価との差額について贈与税の決定処分を行ったことについて争われた事例。
　相続税評価額と同水準の価額かそれ以上の価額を対価として土地の譲渡が行われた場合は，原則として「著しく低い価額」の対価による譲渡ということはできず，例外として，何らかの事情により当該相続税評価額が時価の80％よりも低くなっており，それが明らかであると認められる場合に限って「著しく低い価額」の対価による譲渡になり得ると解すべきである。

　この判例では，相続税評価額による譲渡は「著しく低い価額」による譲渡に該当しない結果となったが，これをもって通常取引される価額の80％相当額以上の取引が，すべて「著しく低い価額」には当たらないといった画一的な基

準が示されたものではなく,「著しく低い価額」の判断は,個々の事案ごとに取引の事情,取引当事者間の関係など個々の事実関係を総合的にみて判断するものとされていることに留意すべきである。

> 【昭和58年4月19日東京高裁判決　相続税法7条の判断】
> 「相続税法7条にいう著しく低い価額の対価に該当するか否かは,当該財産の譲受の事情,当該譲受の対価,当該譲受に係る財産の市場価額,当該財産の相続税評価額などを勘案して社会通念に従い判断すべきものと解するのが相当である。」
>
> 【平成12年6月29日裁決　相続税法7条の趣旨】
> 相続税法第7条の規定は,法律的には贈与契約によって財産を取得したものではないが,経済的には時価より著しく低い価額で財産を取得すれば,その対価と時価との差額について,実質的に贈与があったとみることができるので,この経済的実質に着目して,税負担の公平の見地から課税上は,これを贈与とみなす趣旨のものと解される。
> このような規定の内容及び趣旨からすれば,被相続人の相続財産を不当に減少させることとはならないとしても,財産の取得が著しく低い対価によって行われた場合に,その対価と時価との差額については,実質的に贈与があったとみなして本規定が適用されることとなる。(調停調書に基づき解決金の支払いにより土地を取得した場合であっても解決金の金額がその土地の時価より著しく低いときには低額譲受に当たるとした事例)

4　資力を喪失して債務の弁済が困難である場合

　低額譲受により財産を取得した場合には,時価と対価の差額が贈与税の課税対象となるのであるが,財産を譲り受けた者が,資力を喪失して債務を弁済することが困難であり,その弁済に充てる目的でその者の扶養義務者から譲り受けたものであるときは,その債務を弁済することが困難である部分の金額については,贈与税は課税されない。
　「資力を喪失して債務を弁済することが困難である場合」とは,債務の金額

が積極財産の価額を超えるときのように，社会通念上債務の弁済が不能と認められる場合をいう（相基通7-4）。

また，その「債務を弁済することが困難である部分に相当する金額」は，債務超過の部分の金額から，債務者の信用による債務の借換え，労務の提供等の手段により近い将来においてその債務の弁済に充てることができる金額を控除した金額をいうものとする（相基通7-5）。

こんな場合は認められない?! 事例でチェック

Q 父親から土地を低額で取得した場合

父親が平成24年3月に1億円で取得した土地を，同年5月に長男が6,000万円で買い取った。この時の相続税評価額は8,000万円であった。

A 贈与税の課税標準となる評価額は8,000万円であるが，対価を伴う取引による取得に該当するため，負担付贈与通達の取扱いに該当し，その土地の価額は1億円と評価される。1億円と売買価額6,000万円との差額4,000万円が，贈与とみなされる。

Q 低額譲受で取得した財産を売却して借入金を返済した場合

事業資金として借り入れた2,000万円を弁済しなければならないが，財産は現預金1,000万円のみである。不足分を補うため，父から時価2,400万円の土地を900万円で譲り受け，すぐに売却し，その売却代金で借入金を返済した。

この場合，贈与税の課税対象となる金額はいくらになるだろうか。

A まず，時価2,400万円の土地を900万円で譲り受けていることから，差額の1,500万円が贈与税の対象となる。しかし，借入金2,000万円のうち1,000万円は，自己財産でもって弁済しきれない金額であり，債務を弁済することが困難である部分に相当する金額である。

したがって，1,500万円から1,000万円を控除した残額500万円が，父から贈与により取得したものとみなされ、贈与税の課税対象となる。

5 債務免除等

他人の債務を免除した場合や，債務を代りに引き受けて，弁済を行った場合は，その債務者に現金を贈与したと異ならない。このような場合も実質的に贈与があったとみなし，贈与税の課税対象となる。

1 債務免除益に課税が行われる規定の趣旨

対価を支払わないで，又は著しく低い価額の対価で債務の免除，引受け又は第三者のためにする債務の弁済（以下「債務の免除等」という）による利益を受けた場合においては，その債務の免除等があった時において，債務の免除等による利益を受けた者が，債務の免除等に係る債務の金額に相当する金額をその債務の免除等をした者から贈与により取得したものとみなされる（相法8）。

債務の弁済を受けることは，債務の弁済による利益を受けた者が消極財産を消滅させるものであり，実質的には，積極財産の贈与を受けることと異ならない。そのため，その債務の免除額等に相当する金額（対価の支払いがあった場合には，その価額を控除した金額）をその債務の免除等をした者から贈与により取得したものとみなすこととしている。

なお，「債務の免除」，「債務の引受け」及び「第三者のためにする債務の弁済」の意義は，民法の解釈に従うものと考えられる。

■ 「債務の免除」

債務の免除とは債権者が債務者に対して債務を免除する意思を表示することをいう。その結果，その債権は消滅する（民法519）。この意思表示は債権者の単独行為であり債務者の承諾は必要としない。

■ 「債務の引受け」

債務の引受けとは債権者の債務者に対する債務の同一性を失わせずにその債務を第三者が肩代りすることをいう。債務者に利益が生じるだけの債務の免除と異なり第三者の利害に係わるため，債務の引き受けは契約によって行われる。

■ 「第三者のためにする債務の弁済」

債務者以外の者が債務者に代わって債務を弁済することをいう（民法474）。ただし，その債務の性質が許さない場合や，当事者が反対の意思表示をした場合は，債務の弁済をすることができない。

> 【相続税法8条　贈与又は遺贈により取得したものとみなす場合―債務免除等】
> 対価を支払わないで，又は著しく低い価額の対価で債務の免除，引受け又は第三者のためにする債務の弁済による利益を受けた場合においては，当該債務の免除，引受け又は弁済があった時において，当該債務の免除，引受け又は弁済による利益を受けた者が，当該債務の免除，引受け又は弁済に係る債務の金額に相当する金額を当該債務の免除，引受け又は弁済をした者から贈与により取得したものとみなす。

2 債務を弁済することが困難である場合の取扱い

債務の免除等があったときであっても，債務者が資力を喪失したために，やむを得ず又はいわゆる道徳上の義務に基づいてなされるような場合にまで贈与税を課することは適当でないとして，次に掲げるような場合は，債務者が債務を弁済することが困難である部分に相当する金額を限度としてこのみなす規定を適用しないものとし，贈与税を課さないこととしている（相法8ただし書）。

① 債務者が資力を喪失して債務を弁済することが困難である場合において，その債務の全部又は一部の免除を受けたとき
② 債務者が資力を喪失して債務を弁済することが困難である場合において，その債務者の扶養義務者によってその債務の全部又は一部の引受け又は弁済がなされたとき

なお，上記の場合の①の債務の免除には，その債務者の扶養義務者以外の者によってなされたものも含まれるが，②の場合の債務の引受け又は弁済は，扶養義務者によってなされたものに限られる点に留意する。

3 連帯債務者及び保証人が求償権を放棄した場合

債務者以外の者が債務者に代わって債務を弁済する場合には，債務を弁済した者は債務者に対して求償権を有することになる。その者が求償権を行使するときは，その部分については贈与があったものとはみなされない。

しかし，他の債務者又は主たる債務者が資力を喪失しており，求償権を行使できず，権利を放棄せざるを得ないときがある。この場合，求償権の放棄は，他の債務者又は主たる債務者にとって債務の免除と同じ効果を得ることとなり，次に掲げる場合には，それぞれに掲げる金額に対して贈与税が課税される。

1 連帯債務者が放棄した場合

連帯債務者が，自己の負担に属する債務の部分を越えて弁済した場合におけるその超える部分の金額については，他の債務者に対し求償権を有することになるが，この求償権を放棄したときは，その超える部分の金額につき贈与があったものとみなされる（相基通8-3（1））。

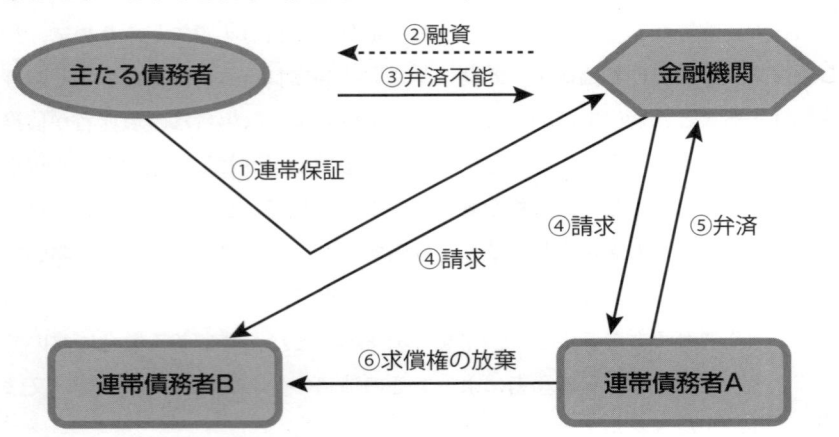

2 保証債務者が放棄した場合

保証債務者が主たる債務者の弁済すべき債務を弁済した場合において，その求償権を放棄したときは，その代わって弁済した金額については，贈与があったものとみなされる（相基通8-3（2））。

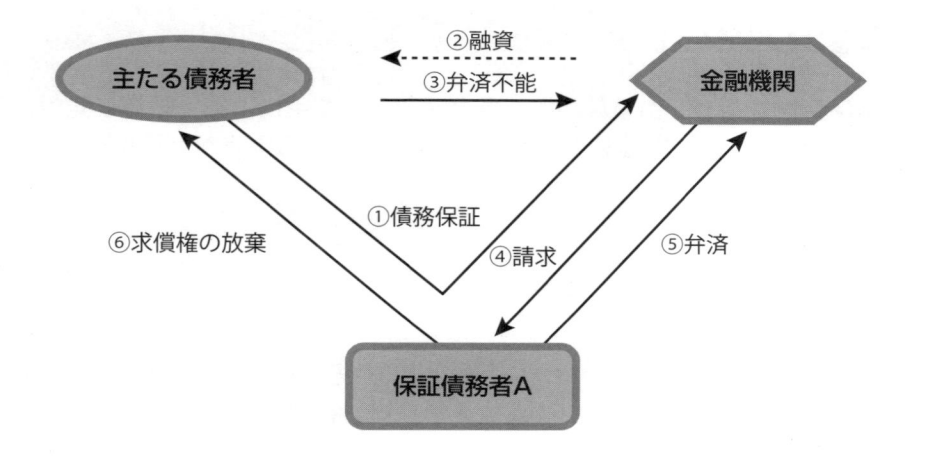

```
        ②融資
主たる債務者 ←---------- 金融機関
        ③弁済不能 →

  ①債務保証       ④請求    ⑤弁済
⑥求償権の放棄

        保証債務者A
```

こんな場合は認められない?! 事例でチェック

Q 連帯保証人の1人が一括返済した場合

父親が経営する飲食店の借入金1,500万円について，子ABCが連帯保証人となっていた。平成24年5月に経営状況が悪く廃業した。借入金1,500万円をAが全額返済した。Bは無職であり全く資力がない。贈与税の問題が起きるか。

A 連帯保証人の1人が債務の全額を返済した場合，他の連帯保証人に対して求償権がある。連帯保証人間の保証割合は特段の定めがない場合は均等と取り扱われるためB及びCに対してそれぞれ500万円の求償権がある（民法465①，442）。

Bは弁済資力がないと認められる場合は，Bの負担部分はAとCで均等となる（民法444）。そのためCに対して750万円の求償権が生じる。これを放棄した場合はCに贈与税が課税される。

6 その他の利益の享受

経済活動を行っているなかで，当事者間での取引による受贈益が発生する場合のほか，対価を支払うことがなく，資産の価値が上昇することがある。

1 相続税法9条の趣旨

3～**6**に該当する場合以外でも，対価を支払わず，又は著しく低い価額の対価で利益を受けた場合，その利益を受けたときにおいて利益を受けた者が，利益を受けた時の価額をその利益を受けさせた者から，贈与により取得したものとみなされる（相法9）。なお，対価の支払いがあった場合には，その価額を控除した金額で判断する。

この場合において，債務の免除等の場合と同様の理由により，資力を喪失して債務を弁済することが困難である場合において，その者の扶養義務者からその債務の弁済に充てるためになされたものであるときは，その受けた利益のうちその債務を弁済することが困難である部分の金額については，贈与税の課税から除外される。

上記の「利益を受けた」とは，おおむね利益を受けた者の財産の増加又は債務の減少があった場合等をいい，労務の提供等を受けたような場合は，これに含まれない（相基通9-1）。

> **【相続税法9条　贈与又は遺贈により取得したものとみなす場合―その他の利益の享受】**
>
> 　対価を支払わないで，又は著しく低い価額の対価で利益を受けた場合においては，当該利益を受けた時において，当該利益を受けた者が，当該利益を受けた時における当該利益の価額に相当する金額（対価の支払があった場合には，その価額を控除した金額）を，当該利益を受けさせた者から贈与により取得したものとみなす。
>
> **【昭和52年7月27日東京高裁判決　相続税法9条の趣旨】**
>
> 　相続税法9条の規定は，私法上の贈与契約によって財産を取得したのではないが，贈与と同じような実質を有する場合に贈与の意思がなければ贈与税を課税することができないとするならば，課税の公平を失することになるので，この不合理を補うために，実質的に対価を支払わないで経済的利益を受けた場合においては，贈与契約の有無にかかわらず贈与により取得したものであるとみなし，これを課税財産として贈与税を課税することとしたものである。

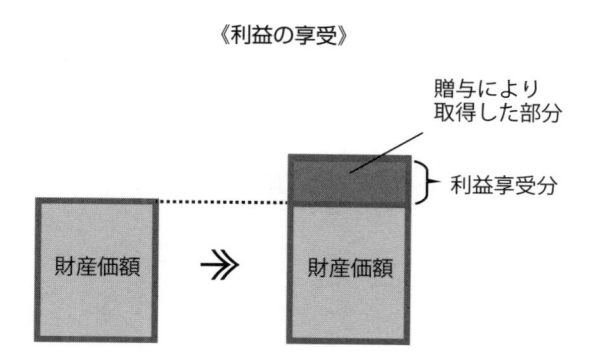

《利益の享受》

財産価額　⇒　財産価額（贈与により取得した部分／利益享受分）

2　その他の利益の享受に関する取扱い

その他の利益の享受に関する主な取扱いには，次のようなものがある。

① 　同族会社の株式又は出資の価額が増加した場合（相基通9-2）
② 　同族会社の募集株式引受権（相基通9-4）

③ 同族会社の新株の発行に伴う失権株に係る新株の発行が行われなかった場合（相基通9-7）
④ 離婚による財産分与（相基通9-8）
⑤ 財産の名義変更があった場合（相基通9-9）
⑥ 無利子の金銭貸与等（相基通9-10）
⑦ 負担付贈与（相基通9-11）
⑧ 共有持分の放棄（相基通9-12）
⑨ 共働き夫婦が住宅等を購入した場合

7 株式又は出資の価額が増加した場合

同族会社に対して，その関係者から様々な事由で財産が提供されることがある。又，著しく低い価額で，財産を取得することもある。このような場合，その会社の株主は我知らずのうちに，株価が上昇し利益を受けることとなる。

1　規定の趣旨

　同族会社の株式又は出資の価額が，たとえば，代表者やその親族から無償による財産の提供等があったことにより，増加する場合がある。次に掲げる場合に該当して増加したときには，その株主又は社員がその株式又は出資の価額のうち増加した部分に相当する金額を，それぞれ次に掲げる者から贈与によって取得したものとして取り扱われる。財産の提供等による株式又は出資の価額の増加は株主全員に反映されることになるため，この規定は財産提供者と株主が同族関係でなくても適用される。なお，この規定が適用されるのは同族会社に限られることに留意する。同族会社は，恣意的な現物出資や債務免除が行われることが多く，それにより株主が利益を受けることが多いためである。

　この場合における贈与による財産の取得の時期は，財産の提供があった時，債務の免除があった時又は財産の譲渡があった時による（相基通9-2）。

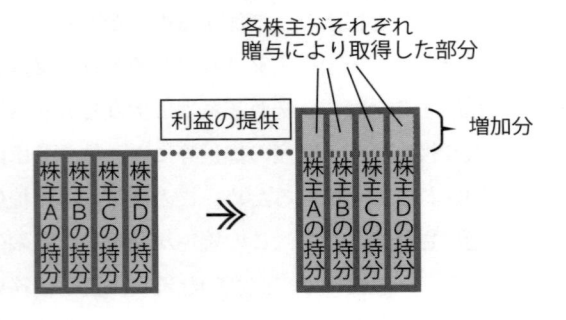

▼同族会社の株式又は出資が増加した場合の課税関係

利益の提供	贈与者
① 会社に対し無償で財産の提供があった場合	その財産を提供した者
② 時価より著しく低い価額で現物出資があった場合	その現物出資をした者
③ 対価を受けないで会社の債務の免除，引受又は弁済があった場合	その債務の免除，引受又は弁済をした者
④ 会社に対し時価より著しく低い価額の対価で財産の譲渡をした場合	その財産の譲渡をした者

《利益の提供》

各株主がそれぞれ贈与により取得した部分

利益の提供

増加分

株主Aの持分　株主Bの持分　株主Cの持分　株主Dの持分 → 株主Aの持分　株主Bの持分　株主Cの持分　株主Dの持分

【相続税基本通達 株式又は出資の価額が増加した場合】
9-2 同族会社（法人税法第2条第10号に規定する同族会社をいう。）の株式又は出資の価額が，例えば，次に掲げる場合に該当して増加したときにおいては，その株主又は社員が当該株式又は出資の価額のうち増加した部分に相当する金額を，それぞれ次に掲げる者から贈与によって取得したものとして取り扱うものとする。この場合における贈与による財産の取得の時期は，財産の提供があった時，債務の免除があった時又は財産の譲渡があった時によるものとする。
(1) 会社に対し無償で財産の提供があった場合　当該財産を提供した者
(2) 時価より著しく低い価額で現物出資があった場合　当該現物出資をした者
(3) 対価を受けないで会社の債務の免除，引受け又は弁済があった場合　当該債務の免除，引受け又は弁済をした者
(4) 会社に対し時価より著しく低い価額の対価で財産の譲渡をした場合　当該財産の譲渡をした者

2　会社が資力を喪失した場合

　同族会社の取締役，業務を執行する社員その他の者が，会社が資力を喪失した場合において前頁①から④までに掲げる行為をしたときは，それらの行為により会社が受けた利益に相当する金額のうち，会社の債務超過額に相当する部分の金額については，贈与によって取得したものとして取り扱わない（相基通9-3）。

　なお，会社が資力を喪失した場合とは，法令に基づく会社更生，会社の整理等の法定手続による整理のほか，株主総会の決議，債権者集会の協議等により再建整備のために負債整理に入ったような場合をいう。単に一時的に債務超過となっている場合は該当しない。

【相続税基本通達　会社が資力を喪失した場合における私財提供等】
9-3　同族会社の取締役，業務を執行する社員その他の者が，その会社が資力を喪失した場合において9-2の（1）から（4）までに掲げる行為をしたときは，それらの行為によりその会社が受けた利益に相当する金額のうち，その会社の債務超過額に相当する部分の金額については，9-2にかかわらず，贈与によって取得したものとして取り扱わないものとする。

　なお，会社が資力を喪失した場合とは，法令に基づく会社更生，再生計画認可の決定，会社の整理等の法定手続による整理のほか，株主総会の決議，債権者集会の協議等により再建整備のために負債整理に入ったような場合をいうのであって，単に一時的に債務超過となっている場合は，これに該当しないのであるから留意する。

こんな場合は認められない?!　事例でチェック

Q　同族会社に対する低額譲渡の場合

同族会社の会長である父が，工場用地として会社に対して時価8,000万円の土地を3,000万円で譲渡した。

A
関係する会社に対して時価より低額で不動産を譲渡した場合は，時価との差額が会社の受贈益となる。会社が土地を取得した結果，株式の価額が増加した場合，譲渡した会長から株主に対してその株式の価額の増加額の贈与があったものと取り扱われる。実務的には財産評価基本通達に基づく株価評価を行うこととなる。

Q　会社が個人の土地を使用した場合

社長が所有する更地の上に，同族会社がマンションを建築した。権利金の授受はなく，相当の地代の支払いもしていない。無償返還の届出も行っていないため，借地権の認定課税がなされた。

A 借地権の認定課税が行われたということは，社長から会社に対して借地権相当額の贈与があったことになる。会社の資産に借地権相当額を計上して株価が上昇した場合，社長から株主に対し上昇した株式の価額相当額が贈与されたこととなる。

Q 債務免除があった場合

当社はこの数年債務超過であった。社長の父である前社長からの借入金1億円があったが，平成24年5月に書面で債務免除するとの通知があった。

A 債務免除による負債の消滅は，会社の株式の価額に反映される。株式の価額上昇相当額が前社長からの贈与となる。ただし，負債額が多額で株価に変動がない場合は，贈与となる金額が算定されない場合がある。

Q 会社が自己株式で従業員から買い戻した場合

当社は，同族会社だが，この2，3年社員株主から株式を買い取り，自己株としている。問題があるか。

A 会社が自己株式で株主から買い戻しをする際には，みなし贈与の問題が生じるので，十分に留意が必要である。特に同族株主が株式を保有しているようなケースでは，外部株主から大量に自己株式で購入すると，その分だけ残存している同族株主の持ち分価値が上昇する。買い取った株主からの贈与として，贈与税が課税されることとなるため，十分に留意が必要である。

8 同族会社の募集新株引受権

同族会社が増資をする際，経営権等を早期に次の世代に移す，又は，相続税対策として持株を減少させる等の目的で，割当て相当分若しくはその一部を事業承継者や家族に割り当てることがある。このような本来の持分を超えた増資は，その増資株式のプレミアム分が贈与となる。

1 規定の趣旨

　同族会社が新株の発行（同族会社の有する自己株式の処分を含む。以下，同じ）をする場合において，新株に係る引受権の全部又は一部が会社法206条各号（募集株式の引受）に掲げる者（その同族会社の株主の親族等（親族その他法施行令第31条に定める特別の関係がある者をいう）に限る）に与えられ，募集株式引受権に基づき新株を取得したときは，原則として，その株主の親族等が，募集株式引受権をその株主から贈与によって取得したものとして取り扱われる。ただし，募集株式引受権が給与所得又は退職所得として所得税の課税対象となる場合は除かれる（相基通9-4）。

　この募集新株引受権の付与は，定款に定められていないときは取締役会の募集新株発行決議によって決定することができる。したがって，募集新株引受権は常に株主に与えられるものとは限らず，第三者に与えられることもあるが，この規定の対象となるのは同族関係者だけである。同族会社は株主が少数で，しかも特定の同族グループに支配されていることから，募集新株発行決議の承認を得やすく，募集株式引受権の割当を調整して実質的な財産移転を行うことが容易に行えると考えられるためである。

【相続税基本通達　同族会社の募集株式引受権】
9-4　同族会社が新株の発行（当該同族会社の有する自己株式の処分を含む。）をする場合において，当該新株に係る引受権（以下「募集株式引受権」という。）の全部又は一部が会社法第206条各号（（募集株式の引受け））に掲げる者（当該同族会社の株主の親族等（親族その他法施行令第31条に定める特別の関係がある者をいう。以下同じ。）に限る。）に与えられ，当該募集株式引受権に基づき新株を取得したときは，原則として，当該株主の親族等が，当該募集株式引受権を当該株主から贈与によって取得したものとして取り扱うものとする。ただし，当該募集株式引受権が給与所得又は退職所得として所得税の課税対象となる場合を除くものとする。

2　贈与により取得したものとする募集株式引受権数の計算

　誰からどれだけの数の募集株式引受権の贈与があったものとするかは，次の算式により計算するものとする。この場合において，その者の親族等が2人以上あるときは，その親族等の1人ごとに計算するものとする（相基通9-5）。

$$A \times \frac{C}{B} = \text{その者の親族等から贈与により取得したものとする募集株式引受権数}$$

　A　他の株主又は従業員と同じ条件により与えられる募集株式引受権の数を超えて与えられた者のその超える部分の募集株式引受権の数
　B　その法人の株主又は従業員が他の株主又は従業員と同じ条件により与えられる募集株式引受権のうち，その者の取得した新株の数が，与えられる募集株式引受権の数に満たない数の総数
　C　Bの募集株式引受権の総数のうち，Aに掲げる者の親族等（親族等が2人以上あるときは，その親族等の1人ごと）の占めているものの数

3 失権株に係る新株の発行が行われなかった場合

　同族会社の新株の発行に際し，募集新株の全部又は一部の引受けがなくて，失権株となり発行されなかった場合において，結果的に新株発行割合を超えた割合で新株を取得した者があるときは，その者のうち失権株主の親族等については，同様にみなし贈与の対象となるケースがある。
　これは，株主として割当を受けた募集新株を引き受けずに増資が行われた場合，結果的に引受けを行った株主の株数が増加し，実質的な効果は募集新株引受権の贈与と異ならないと考えられるからである（相基通9-7）。

こんな場合は認められない?!　事例でチェック

Q 募集新株引受権を行使せず親族が引き受けた場合

　当社は1対1の割合で，有償による新株の発行を行う予定である。Aは新株を引き受けず，代わりに新株をCが引き受けた場合，贈与税の対象となるか。株主のうちABCDは親族だが，EFは従業員である。

A Cは同族関係者であるため，増資新株引受権の贈与となる。
　増資直前の株式の価額は1株当たり2,500円である。払込金額は1株当たり500円で，増資後の1株当たりの価額は1,500円（（2,500円＋500円）÷2）となる。Cが贈与を受けた募集新株引受権の数は30,000株で，一株当たりの受贈価額は1,000円（1,500円－500円（払込金額））となる。Cの受贈価額は3,000万円となる。

▼株主ごとの株式数の増減

株　主	増資前の持株数	増資割当株数 ①	増資引受株数 ②	増資後の持株数	割当株数に対する増減株数（②－①）
A	30,000	30,000	0	30,000	－30,000
B	8,000	8,000	8,000	16,000	
C	5,000	5,000	35,000	40,000	＋30,000
D	3,000	3,000	3,000	6,000	
E	2,000	2,000	2,000	4,000	―
F	2,000	2,000	2,000	4,000	―
合計株数	50,000	50,000	50,000	100,000	±0

Q 募集新株を引き受けなかった場合

上記の事例で，Aに対する割当株を，Aが引き受けなかった場合は贈与税の対象とならないか。

A

増資新株の引受けをせず，失権株となった場合，その同族関係者の持株割合が上昇する。

A，B，C，Dは同族関係者であるため，増資新株引受権の贈与となる。

例）Bが受けた利益の計算

①まず，新株発行後の1株当たりの価額を求める。

増資直前の株式の価額は1株当たり2,500円である。払込金額は1株当たり500円で，増資後の1株当たりの価額は1,928円となる。

$$\frac{\begin{bmatrix}\text{新株の発行}\\\text{前の1株当}\\\text{たりの価額}\\\text{@2,500円}\end{bmatrix}\times\begin{matrix}\text{新株の発行}\\\text{前の発行済}\\\text{株式数}\\\text{50,000株}\end{matrix}+\begin{matrix}\text{新株の1}\\\text{株当たりの}\\\text{払込金額}\\\text{@500円}\end{matrix}\times\begin{matrix}\text{新株の発行に}\\\text{より出資の履}\\\text{行があった新}\\\text{株の総数}\\\text{20,000株}\end{matrix}}{\begin{bmatrix}\text{新株の発行}\\\text{前の発行済}\\\text{株式数}\\\text{50,000株}\end{bmatrix}+\begin{matrix}\text{新株の発行に}\\\text{より出資の履}\\\text{行があった新}\\\text{株の総数}\\\text{20,000株}\end{matrix}}=@1,928円$$

② Bが受けた利益の価額は，次のとおりである。

$$\begin{matrix}\text{新株の発行}\\\text{後の1株当}\\\text{たりの価額}\\\text{@1,928円}\end{matrix}\times\begin{bmatrix}\text{その者の新}\\\text{株の発行前}\\\text{における所}\\\text{有株式数}\\\text{8,000株}\end{bmatrix}+\begin{matrix}\text{その者が取}\\\text{得した新株}\\\text{の数}\\\text{8,000株}\end{matrix}$$

$$-\begin{bmatrix}\begin{matrix}\text{新株の発行}\\\text{前の1株当}\\\text{たりの価額}\\\text{@2,500円}\end{matrix}\times\begin{matrix}\text{その者の新}\\\text{株の発行前}\\\text{における所}\\\text{有株式数}\\\text{8,000株}\end{matrix}+\begin{matrix}\text{新株の1株}\\\text{当たりの払}\\\text{込金額}\\\text{@500円}\end{matrix}\times\begin{matrix}\text{その者が}\\\text{取得した}\\\text{新株の数}\\\text{8,000株}\end{matrix}\end{bmatrix}=6,848,000円$$

つまり，B，C，Dは，通常の増資であれば一株当たり1,500円の新株式の取得となるが，Aが増資に応じなかったことにより，増資後の1株当たり428円（1,928円−1,500円）のプレミアムが生じることになる。Bの場合は，684万8,000円（428円×16,000株）のプレミアムを受けていることとなる。よってBはAから684万8,000円の贈与を受けたことになる。

▼株主ごとの数式数の増減

株　主	増資前の持株数	増資割当株数①	増資引受株数②	増資後の持株数	割当株数に対する増減株数（②−①）
A	30,000	30,000	0	30,000	−30,000
B	8,000	8,000	8,000	16,000	
C	5,000	5,000	5,000	10,000	
D	3,000	3,000	3,000	6,000	
E	2,000	2,000	2,000	4,000	−
F	2,000	2,000	2,000	4,000	−
合計株数	50,000	50,000	20,000	70,000	−30,000

9 離婚による財産分与

離婚に伴い財産の分与を受けた場合，無償による財産の取得ではあるが，税務上は，贈与と取り扱わない。ただし，譲渡所得の起因となる財産の移転の場合，財産を交付した者は，時価で譲渡し，財産を取得した者は，時価で取得したこととなる。

1 離婚に伴い財産分与を受けた場合の課税関係

　民法では，協議上の離婚をした者の一方は，その相手方に対して財産の分与を請求することができることとされている（民法768）。この離婚に伴う財産分与は，一般的に，婚姻中に夫婦が協力して得た財産の清算と考えられることから，税務上は原則として，贈与により取得した財産として取り扱わないこととされている。ただし，次に該当する場合には，その財産は贈与により取得したものとして贈与税が課税されることになる。

① その分与に係る財産の額が，婚姻中の夫婦の協力によって得た財産の額その他一切の事情を考慮してもなお過当であると認められる場合における，その過当である部分

② 贈与税や相続税を免れる目的で離婚をしたと認められる場合における，その離婚により取得した財産の価額

【相続税法基本通達9-8　婚姻の取消し又は離婚により財産の取得があった場合】
　婚姻の取消し又は離婚による財産の分与によって取得した財産については，贈与により取得した財産とはならないのであるから留意する。ただし，その分与に係る財産の額が婚姻中の夫婦の協力によって得た財産の額その他一切の事情を考慮してもなお過当であると認められる場合における当該過当である部分又は離婚を手段として贈与税若しくは相続税のほ脱を図ると認められる場合における当該離婚により取得した財産の価額は，贈与によって取得した財産となるのであるから留意する。

2　離婚に伴い財産分与をした場合の課税関係

　離婚に伴う財産分与により土地・建物を引き渡した場合には，分与した者については譲渡所得課税が行われる。離婚により，キャピタルゲイン課税の対象となる資産の移転があった場合，この時点で，その資産益に対して課税が行われる。譲渡収入金額は財産分与した時の価額（時価）となる（所基通33-1の4）。

こんな場合は認められない?!　事例でチェック

Q　離婚による財産の取得時期と取得価額等

　この度，私は長年連れ添ってきた夫と協議離婚した。離婚に伴い，夫から現金と2人で住んでいたマンションをもらったが，贈与税は課税されるのか。また，マンションの名義変更は，戸籍の除籍手続後でなければならないのか。

A 離婚に伴う財産の分与や慰謝料の支払いについては，原則として贈与税は課税されない。

　財産分与を受けたマンションの名義変更は，戸籍の除籍手続後であることが望ましいが，場合によっては，戸籍の除籍手続前に変更することもあるかと思われる。しかしその場合でも，その名義変更が離婚に伴う財産分与と認められ，その後，速やかに除籍手続が行われている場合は，たとえ除籍手続前に名義を変更したとしても贈与税が課税されることはないと思われる。

　将来取得したマンションを譲渡する場合，取得した時は離婚の時で，取得価額は離婚した時の時価による。

　なお，夫はマンションを手放したことにより譲渡所得が発生する場合は所得税の確定申告を行わなければならない。居住用であるので居住用財産を譲渡した場合の特例（措法35，36の2）を適用できる場合がある。

Q 離婚により居住用土地建物を分与した場合の取扱い

私は協議離婚により、妻に平成15年に取得した居住用土地建物を財産分与した。所得価額は5,000万円であったが分与した時の価額は3,000万円である。譲渡所得の申告が必要か。

A
取得価額より低額で分与しているので譲渡所得は課税されない。

ただし、居住用財産の譲渡損であるため居住用財産を譲渡した場合の損益通算及び繰越控除の特例（措法41の5，41の5の2）が受けられる場合がある。

10 信託に関する権利

平成18年に改正された信託法により様々な類型の信託を活用できることとなった。それに伴い相続税法の改正も行われ相続税及び贈与税の課税関係が整備された。

1 信託の概要

1 信託の意義

信託とは，委託者が信託契約によって，その信頼できる人（受託者）に対して，金銭や土地などの財産を移転し，受託者は委託者が設定した信託目的に従って，受益者のためにその信託財産の管理・処分などをすることをいう。

《信託の基本的なしくみ》

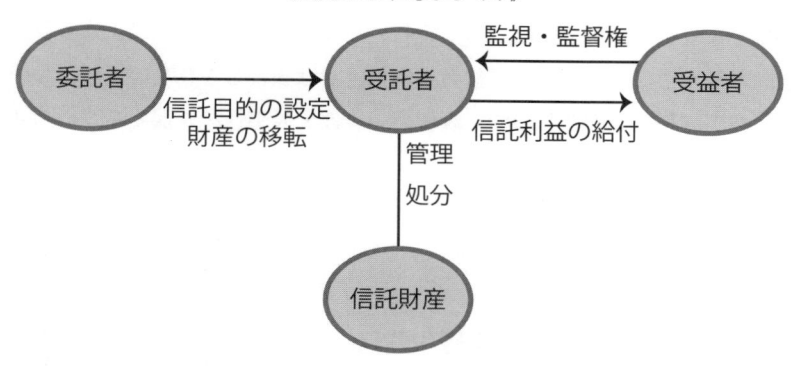

```
                         監視・監督権
  委託者  ─────→  受託者  ←─────  受益者
       信託目的の設定      信託利益の給付
       財産の移転    │
                    │ 管理
                    │ 処分
                    ↓
                  信託財産
```

○委託者…財産を受託者に移転し，信託目的に従い受益者のために受託者にその財産（信託財産）を信託する者。
○受益者…受託者から信託行為に基づいて信託利益の給付を受ける権利（受益権）等を有する者。
○受託者…信託行為の定めに従い，信託財産に属する財産の管理又は処分及びその他の信託の目的の達成のために必要な行為をすべき義務を負う者。

2　新信託法の制定と税制の対応

平成18年12月に新信託法が改正され，受託者の義務等の合理化，受益者の権利等に関する規定の整備がされた。また，多様な信託の利用形態に対応するため，信託の併合・分割，委託者が自ら受託者となる自己信託，受益証券発行信託，限定責任信託，受益者の定めのない信託（目的信託）等の制度整備が行われ，新しい類型の信託の設定が可能となった。

2　信託税制の概要

信託設定により，信託財産の所有権は委託者から受託者へ移転されるが，それは受託者の固有財産とは区分管理され，信託利益は受益者へ給付される。

信託に関する税務上の課税関係は，名目上の信託財産の所有者である受託者ではなく，実質上の所有者である受益者にその所得や利益が帰属するものとして課税する受益者課税を原則としている。しかし，信託法改正による多種多様な信託の類型に対応すべく，受益者課税だけでは課税しきれない信託については，受益者課税を原則としつつ，課税の中立性・公平性を確保するための所要の措置が講ぜられている。

相続税法においては，次に該当する信託設定（退職年金の支給を目的とする特定の信託を除く）があった場合には，贈与によって取得したものとみなして，贈与税が課税される。

1　受益者等の存する信託の課税関係

受益者等が存在する信託について，次に該当するときは贈与により取得したものとみなして，信託の受益者等に贈与税が課税される。

■　信託の効力が発生したとき（相法9の2①）

信託設定をする場合において，受益者等が委託者以外の者であり，適正な対価を負担していないときは，その信託の効力が生じたときに，その信託に関する権利（信託受益権）をその委託者から贈与により取得したものとみなす。

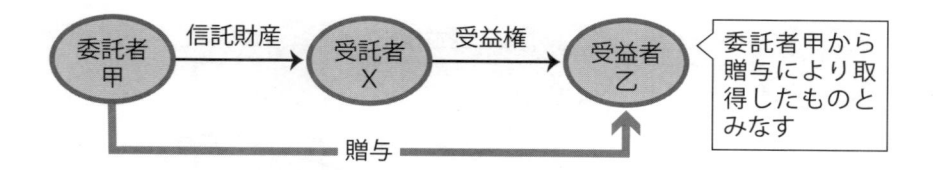

[図: 委託者甲 →(信託財産)→ 受託者X →(受益権)→ 受益者乙、委託者甲→(贈与)→受益者乙／「委託者甲から贈与により取得したものとみなす」]

■ **受益者等の変更**（相法9の2②）

　適正な対価を負担せずに新たにその信託の受益者等となる者は，その受益者等が存するに至ったときに，その信託に関する権利をその信託の受益者等であった者から贈与により取得したものとみなす。

　なお，その受益者等であった者の死亡に起因して取得した場合には，遺贈により取得したものとみなして，相続税の課税対象になる。

[図: 委託者甲 →(信託財産)→ 受託者X →(受益権)→ 受益者乙、受託者X⇢(受益権)⇢受益者丙、受益者乙→(贈与)→受益者丙／「前受益者乙から贈与により取得したものとみなす」]

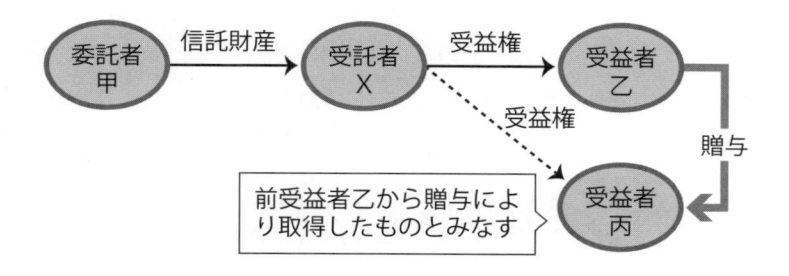

■ **受益者等の一部が存在しなくなったとき**（相法9の2③）

　その信託の一部の受益者等が，受益権を放棄するなど，その信託の一部の受益者等が存しなくなった場合において，適正な対価を負担せずに既に信託の受益者等である者がその信託について新たに利益を受けることとなったときは，その利益を受ける者は，その利益をその信託の一部の受益者等であった者から贈与により取得したものとみなす。

　なお，その受益者等であった者の死亡に起因して取得した場合には，遺贈により取得したものとみなして，相続税の課税対象になる。

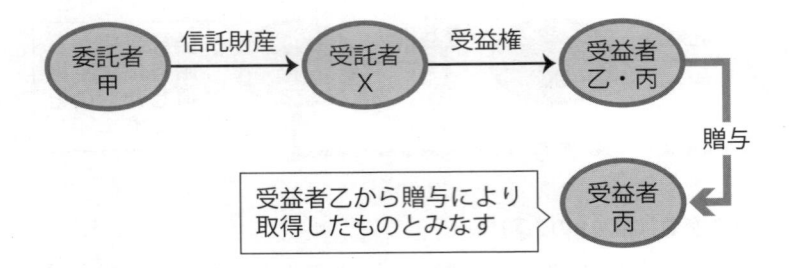

```
委託者甲 --信託財産--> 受託者X --受益権--> 受益者乙・丙 --贈与--> 受益者丙
受益者乙から贈与により取得したものとみなす
```

■ 信託が終了したとき（相法9の2④）

信託が終了した場合において，適正な対価を負担せずにその信託の残余財産の給付を受けるべき者（帰属すべき者を含む）となる者があるときは，その給付を受ける受けるべきときにおいて，その信託の残余財産の給付を受けるべき者となった者は，その信託の残余財産をその受益者等から贈与により取得したものとみなす。

なお，その受益者等であった者の死亡に起因して取得した場合には，遺贈により取得したものとみなして，相続税の課税対象になる。

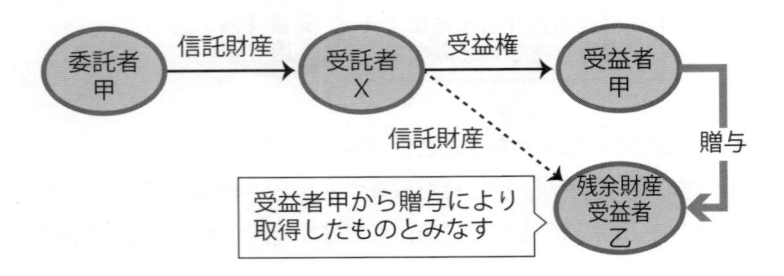

```
委託者甲 --信託財産--> 受託者X --受益権--> 受益者甲 --贈与--> 残余財産受益者乙
                        ┊信託財産
受益者甲から贈与により取得したものとみなす
```

2 受益者等が存しない信託の課税関係

受益者がまだ生まれていない子供である場合や，受益者指定権がまだ行使されていない場合など，受益者が存在しない信託を設定する場合がある。

この受益者等の存しない信託が設定された場合，信託財産に係る所得については，その受託者（受託者が個人である場合には，法人とみなされる）を納税義務者として，受託者の固有財産に係る所得とは区別して，その所得に対して法

人税が課税されることとなる。この場合，信託の設定時に，受託者に対しその信託財産の価額に相当する金額について受贈益課税が行われる（法法2二十九の2，4の6，22②）。

また，その後に受益者等が存在することとなった場合には，その受益権者等の受益権の取得については，所得税又は法人税は課税されないこととなる（所法67の3①②，法法64の3①②）。

具体的には，受益者等が存しない場合に受託者に対し受贈益課税し，その後の運用益についても受託者に課税する。その後において，受益者が存することになった場合には，受益者が受託者の課税関係を引き継ぐことになり，この段階で特に課税関係を生じさせないようにする制度である。

そこで，このような受益者等の存在しない信託の課税関係を利用し，相続税または贈与税の租税回避行為が行われることへの対応として，次に該当する場合には，相続税又は贈与税を課税する措置が講じられている。

■ 信託の効力が発生したときの課税関係（相法9の4①）

受益者等が存しない信託の効力が発生する場合において，その信託の受益者となる者がその信託の委託者の親族等であるときは，その信託の効力が生ずるときに，その信託の受託者は，その信託に関する権利をその信託の委託者から贈与により取得したものとみなされ，贈与税が課税される。

例えば「息子が成人した時に受益権が生じる」など，信託行為に停止条件や始期が付されており，その信託契約の段階において，将来，受益者となる者が委託者の親族であることが判明している場合がこれに該当する。この場合，その停止条件の成就又は始期の到来時に，受託者に課される法人税等に加えて贈与税を課すものである。

これは，その信託の受託者に適用される法人税率と相続等により適用される相続税率等の差を利用した租税回避に対応したものである。

なお，受託者には上記のとおり法人税課税（受贈益課税）が行われているため，贈与税の計算上この法人税等相当額を控除して計算する。したがって，贈

```
・受益者となる者は停止条件等により現に権利を有していない。
・受益者は委託者の親族である。
```

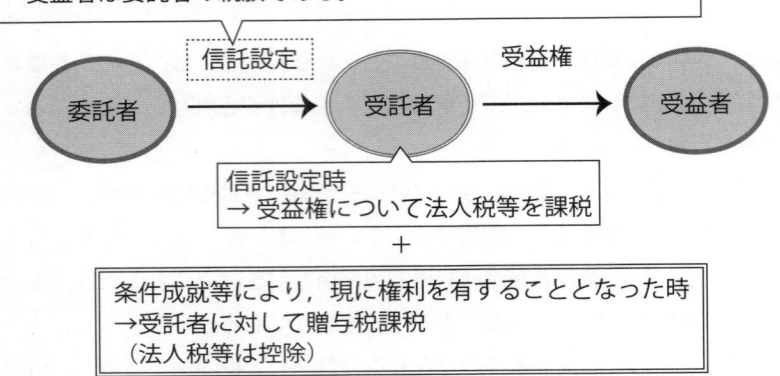

```
委託者 ──信託設定──▶ 受託者 ──受益権──▶ 受益者
```

信託設定時
→ 受益権について法人税等を課税
＋
条件成就等により，現に権利を有することとなった時
→ 受託者に対して贈与税課税
（法人税等は控除）

与税額が法人税等相当額を上回る場合のみ，その差額に対して贈与税が課税されることになる。

■受益者等が存することとなったときの課税関係（相法9の5）

　受益者等が存しない信託について，その信託設定時において存しない者がその信託の受益者等となった場合において，その信託の受益者等となる者がその信託契約締結時における委託者の親族等であるときは，その信託の受益者等となる者は，その信託に関する権利を個人から贈与により取得したものとみなされ，贈与税が課税される。

　これは，まだ生まれていない孫等を受益者として信託を設定し，その後に孫が出生し受益者となった場合などには，信託設定時の受託者課税のみで課税関係を完了すると，相続税の課税回数を減らすことにより相続税負担を免れることが可能となるため，課税の公平を確保する観点から贈与税課税を行うものとされている。

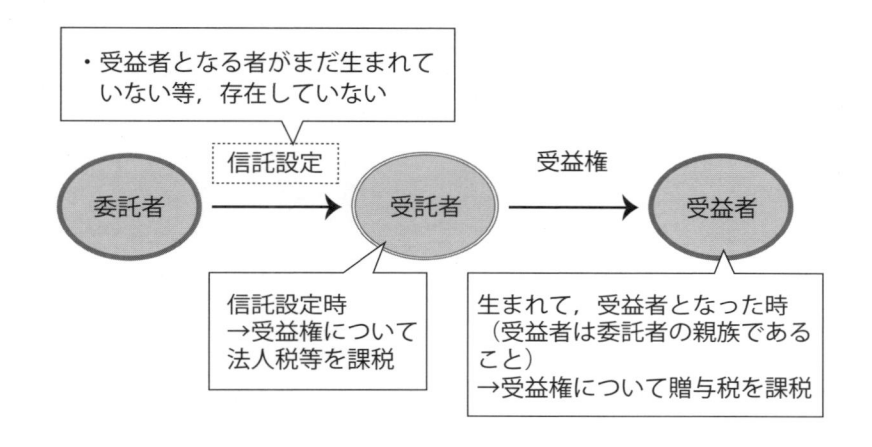

```
・受益者となる者がまだ生まれて
  いない等，存在していない
```

委託者 →[信託設定]→ 受託者 →受益権→ 受益者

受託者：信託設定時 →受益権について法人税等を課税

受益者：生まれて，受益者となった時（受益者は委託者の親族であること）→受益権について贈与税を課税

こんな場合は認められない?!　事例でチェック

Q　貸付建物と土地を受益者を子供に信託契約した場合

私は賃貸用建物及びその敷地を受益者を長男にする信託契約を設定した。この場合，贈与税は課税されるか。

A 受益者が委託者本人ではないため，信託設定があった時に，委託者である父から，受益者である長男に対して，その信託に関する権利の贈与があったものとして贈与税が課税される。

Q　委託者が受益者である信託財産を取得する場合

父は受益者を父自身とした上場株式を信託している。残余財産の受益者は私になっているが，信託が終了した時に私が給付を受ける残余財産について贈与税は課税されるか。

A 信託設定により，残余財産の給付を受ける権利を適正な対価を負担せずに取

得しているため，信託終了時に，その権利を受益者である父から贈与により取得したものとして贈与税が課税される。

無利子の金銭貸与

経済活動において，他人に無利息で金銭を貸付けた場合，その金銭の運用益を逸失することになる。実質的にはその運用益部分を借主に対して贈与したものと取り扱われる。

1 親族間の金銭貸借における留意点

　　親子・夫婦等の特殊の関係のある者の間では，相続対策等の一環として贈与が行われるが，贈与税を回避するために金銭消費貸借の形をとる場合が往々にしてある。実際は贈与だが貸借であると主張する納税者と課税当局との間で，訴訟に発展するケースもみられる。

　　このような特殊な関係者間における金銭の移動については，実質的に贈与であるか否か念査される。

　　贈与でないことを示すために単に金銭消費貸借契約書を作成するだけではなく，借り入れた者の返済能力に応じた実効性のある返済計画に基づいた貸借契約であることや，実際に返済を実行している事実があることが，必要である。

◇親族間で金銭賃借を行う際のポイント
（1）形式要件
・金銭消費貸借契約書を作成する
・適正利息を設定する
（2）実質要件
・相応の貸付理由がある
・賃借契約は，実効性のある返済計画に基づいたものである
・預金口座の入出金記録等から，資金の貸付事実及びその後の返済事実が確認できる
・返済資金について所得税の申告等やその他の資料等で説明できる
・貸主は受取利息について，所得税の申告を行っている

2　無利子の貸借

　金銭消費貸借契約は契約であるから，当事者間の合意で利息については自由である。しかし，社会通念上，無利子の金銭貸借は経済合理性がなく，特に親子夫婦間では，無利子の金銭消費貸借契約は利息相当部分の利益のみならず元本の返済についても疑念が生じる場合がある。いわゆる「出世払い」や「あるとき払いの催促なし」は貸借の形式が整っていたとしても，元本の贈与とみなされる。

　金銭消費貸借が事実であるとしても，無利子である場合は，本来支払うべき利息相当額が相続税法9条の経済的利益に該当すると取り扱われる。

　ただし，その金額が少額である場合や課税上弊害がない場合は，あえて経済的利益とみないこととなっている。その経済的利益が贈与税の基礎控除額以下であれば贈与税は課税されないことから，基礎控除額が一つの目安となるだろう。

こんな場合は認められない?!　事例でチェック

Q 返済約定のない貸付

　長男が新築マンションを取得するにあたって4,000万円を金融機関から借りようとしたが条件が合わず借りられなかった。そこで父が4,000万円を貸し付けることにしたが，返済条件は付けず利息の取決めもしなかった。

A 返済条件を定めず，利息の取決めもない貸付はいわゆる出世払いのようなもので，返済を見込んだ貸付けと認められない可能性がある。その場合，実質的に贈与とみなされ贈与税の課税対象となる。

　そこで，このような贈与税の対象となってしまう取引をするならば次のような手法を取るべきである。

　住宅取得のための現金贈与には「直系尊属から住宅取得等資金の贈与を受け

た場合の贈与税の非課税の特例」や「相続時精算課税」等の特例があるのでこれらの活用を検討する。

> 【平成元年6月16日裁決】
> 　請求人はその経営する自動車学校の運営資金に充てるため請求人の父から無利息の約定で昭和53年から昭和60年まで金銭を借り入れたが，当該利息相当額は，事業所得の計算上必要経費に算入しておらず，その額だけ事業所得の金額が多く算出された結果となっているから，利息相当額の経済的利益の額を贈与により取得したとみなして贈与税の課税をすることは所得税との二重課税となり違法である旨主張するが，贈与税は取得した財産を課税対象としており，資産の運用益等，すなわち，所得を課税対象とする所得税とはおのずからその課税対象を異にするものであり，また，本件経済的利益の額は事業所得の収入金額には加算されておらず，所得税は課税されていないのであるから，二重課税であるとの請求人の主張は採用できない。

12 負担付贈与

無償の財産の移転が贈与の原則であるが，時には受贈者に対し，贈与の条件として何らかの負担を設けることがある。これを負担付贈与といい，贈与財産の価額は負担部分の額を控除したところによる。

1　負担付贈与の概要

　贈与行為は無償で一方的な出捐で行われるのが原則である。しかし，時には受贈者に対して一定の条件（負担）を提示した贈与契約が行われることがある。これが負担付贈与である。負担付贈与は受贈者に対して一定の給付の義務を負わせたものであることから、本来は無償である贈与に対する対価性があると見られる。そこで民法は双務契約に関する規定を準用している（民法553）。税務上は，負担付贈与に係る贈与財産の価額は負担がなかったものとした場合における贈与財産の価額から負担額を控除した価額が贈与財産の価額としている（相基通21の2-4）。

　また，この負担が第三者の利益となる場合は，その第三者が負担額に相当する金額を贈与によって取得したものと取扱われる（相基通9-11）。

2　負担付贈与により取得した土地等の評価

　土地及び土地の上に存する権利並びに家屋等を負担付贈与により取得したものの価額は，「負担付贈与又は対価を伴う取引により取得した土地等及び家屋等に係る評価並びに相続税法第7条及び第9条の規定の適用について（平成元年3月29日付直評5，直資2-204）」（以下，「負担付贈与通達」という）により，当該取得時における通常の取引価額に相当する金額によって評価する。

　財産評価基本通達は，厳密な時価の算定をすることが困難であるため時価相当額から安全性を考慮した価額を採用している。しかし，相続の場合の評価と

異なり，贈与は生存する当事者間の契約であるため，贈与行為を行う際に評価額と時価との差を考慮することができる。そのため，負担付贈与のような契約行為に対しても安全性を考慮する必要が認められていない。

【負担付贈与又は対価を伴う取引により取得した土地等及び家屋等に係る評価並びに相続税法第7条及び第9条の規定の適用について（負担付贈与通達）】

1　土地及び土地の上に存する権利（以下「土地等」という。）並びに家屋及びその附属設備又は構築物（以下「家屋等」という。）のうち，負担付贈与又は個人間の対価を伴う取引により取得したものの価額は，当該取得時における通常の取引価額に相当する金額によって評価する。

　ただし，贈与者又は譲渡者が取得又は新築した当該土地等又は当該家屋等に係る取得価額が当該課税時期における通常の取引価額に相当すると認められる場合には，当該取得価額に相当する金額によって評価することができる。

　（注）「取得価額」とは，当該財産の取得に要した金額並びに改良費及び設備費の額の合計額をいい，家屋等については，当該合計金額から，評価基本通達130（（償却費の額等の計算））の定めによって計算した当該取得の時から課税時期までの期間の償却費の額の合計額又は減価の額を控除した金額をいう。

2　1の対価を伴う取引による土地等又は家屋等の取得が相続税法第7条に規定する「著しく低い価額の対価で財産の譲渡を受けた場合」又は相続税法第9条に規定する「著しく低い価額の対価で利益を受けた場合」に当たるかどうかは，個々の取引について取引の事情，取引当事者間の関係等を総合勘案し，実質的に贈与を受けたと認められる金額があるかどうかにより判定するのであるから留意する。

　（注）　その取引における対価の額が当該取引に係る土地等又は家屋等の取得価額を下回る場合には，当該土地等又は家屋等の価額が下落したことなど合理的な理由があると認められるときを除き，「著しく低い価額の対価で財産の譲渡を受けた場合」又は「著しく低い価額の対価で利益を受けた場合」に当たるものとする。

こんな場合は認められない?! 事例でチェック

Q 負担付贈与の受益者の課税

長男が父から相続税評価額2,500万円（時価2,000万円）の宅地の贈与を受けた。これは二男が金融機関から借り入れている借金800万円を代わりに長男が返済することが条件となっている。

A

二男の借金800万円の返済を条件に，長男が父から土地の贈与を受けた場合，贈与を受けた財産の贈与時の価額から負担部分を引いた価額が贈与の課税価額となる。また，負担部分が800万円の債務の減少となる二男の利益となるため，二男に対して贈与税が課税される。

長男の受贈価額

　　2,000万円－800万円＝1,200万円

二男の受贈価額

　　800万円

Q 預り保証金を含めない贈与があった場合

長女が母から時価3000万円の賃貸マンションの贈与を受けた。この時に，賃借人に返還すべき預り保証金の額500万円があったが，これに見合う金額の贈与は受けなかった。

A

母は賃貸マンションを贈与することにより，預り保証金500万円が不用となるため，500万円で賃貸マンションを譲渡し，債務を返済したのと同じ結果となる。そのため，500万円（譲渡収入金額）から取得費等を控除して残額がある場合に，母に譲渡所得の課税が生じる。

長女の受贈価額は2,500万円（3,000万円－500万円）である。2,500万円に贈与税が課せられる。

Q 取引相場のない株式の売買と負担付贈与通達

自社株（非上場株式）を父から子に対して譲渡する場合においては，相続税評価額でも構わないか？

A 自社株式を親子間，兄弟間で売買をすることがあるが，このような場合には負担付贈与通達を気にする必要はない。この通達は，土地等や家屋等に限られているからである。土地等が路線価ではなくいわゆる通常の取引価額（時価）によることとされているため，非上場の株式についても時価取引が必要ではないかとする誤解である。

贈与税は相続税の補完税であるという立場からして，個人間の取引における受贈益の算定は，財産評価基本通達による評価が基本となる。負担付贈与通達はあくまでもその例外であり，非上場の株式はその範疇ではない。

類似業種比準価額と純資産価額がかけ離れているようなケースでは，特に問題になりそうであるが，この通達の対象外である点は問題がない。

13 共有持分の放棄

共有財産は，その財産の額に対して持分に応じた価額を所有する。その持分を放棄することは，他の共有者の持分の額が増加することである。

1 共有持分の放棄があった場合

共有者の1人がその持分を放棄したとき又は相続人がなくて死亡したときは，その持分は他の共有者に帰属する（民法255）。したがって，共有者の1人がその持分を放棄したときは，その持分相当の価値が他の共有部分に移るため他の共有者が各自の持分割合に応じて，放棄された持分を贈与により取得したものと取り扱われる（相基通9-12）。

【相続税法基本通達9-12　共有持分の放棄】
共有に属する財産の共有者の1人が，その持分を放棄（相続の放棄を除く。）したとき，又は死亡した場合においてその者の相続人がないときは，その者に係る持分は，他の共有者がその持分に応じ贈与又は遺贈により取得したものとして取り扱うものとする。

こんな場合は認められない?! 事例でチェック

Q 土地の共有持分が放棄された場合

甲乙丙丁の4兄弟で所有する共有土地（相続税評価額3,600万円）の共有者の1人である甲が持分（相続税評価額1,440万円）を放棄することとなった。贈与税の課税はどうなるか。

A 甲の放棄した持分は，乙，丙，丁が，各自の持分割合に応じて贈与により取

得したものと取り扱われる。

　乙の受贈価額720万円

　　（1,440万円×1,080万円）／（1,080万円＋720万円＋360万円）

　丙の受贈価額480万円

　　（1,440万円×720万円）／（1,080万円＋720万円＋360万円）

　丁の受贈価額240万円

　　（1,440万円×360万円）／（1,080万円＋720万円＋360万円）

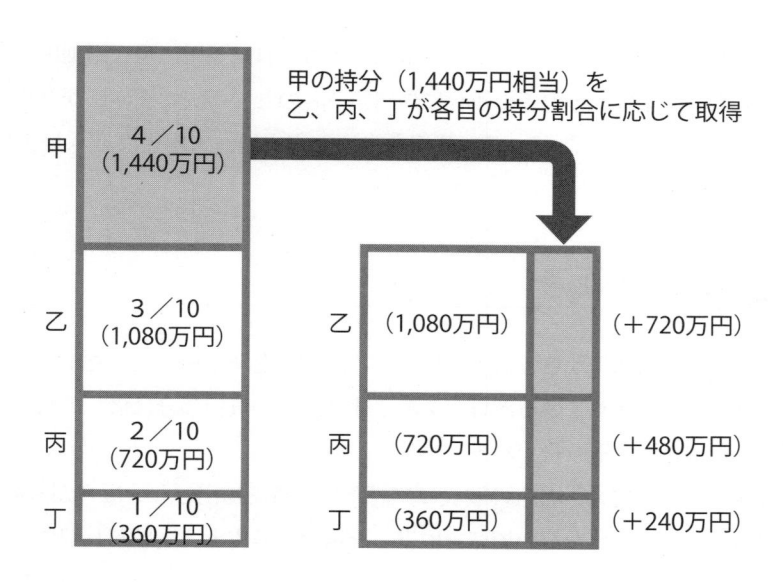

甲の持分（1,440万円相当）を
乙、丙、丁が各自の持分割合に応じて取得

甲	4／10（1,440万円）			
乙	3／10（1,080万円）	乙	（1,080万円）	（＋720万円）
丙	2／10（720万円）	丙	（720万円）	（＋480万円）
丁	1／10（360万円）	丁	（360万円）	（＋240万円）

14 共働き夫婦が住宅等を購入した場合

財産を購入する場合，その取得資金に応じた持分を取得するのが原則である。共働き夫婦が借入れにより住宅を購入した場合，一人の名義で借入れるとその返済資金の一部は片方から贈与によることになる。

1 夫婦間の財産の帰属の意義

夫婦間の財産の帰属については，婚姻前から所有する財産及び婚姻中に自己の名で得た財産は，その者の所有に帰属するものとする夫婦別産制がとられている（民法762）。したがって，共稼ぎ夫婦の収入は，夫が得た収入は夫に帰属し，妻が得た収入は妻に帰属する。

2 借入金の返済

個人が金融機関等からの借入金について，その返済が借り入れた本人以外の者によって負担されている部分があるときは，その負担部分は借り入れた者に対する贈与として取り扱われる。

共稼ぎ夫婦の場合，各人の収入に応じた生活費を拠出しない場合が多い。1人の名義で借り入れを行い資産を取得した場合，事実上，夫婦が共同で借入金を返済していると認められることがある。このような場合には，返済金額のうち，夫婦それぞれの所得で按分した金額をそれぞれが負担しているものとして取り扱われる（共かせぎ夫婦の間における住宅資金等の贈与の取扱について　昭34直資58）。

なお，借り入れた者に対する贈与として取り扱われる金額は，暦年でその返済があった部分の金額を基に計算される。

こんな場合は認められない?! 事例でチェック

Q 夫単独の借入金を夫婦で返済している場合

マイホームを購入するため，銀行から夫が4,000万円を借り入れて購入し，夫単独の名義とした。共稼ぎであり，本年は夫婦で月12万円×12カ月＝144万円を返済している。夫の収入は年間700万円で妻は500万円であった。この場合，贈与税の課税関係はどうなるか。

A 返済金額のうち，妻の収入から支払われたものとされる部分の金額が，夫に対して贈与されたものと取り扱われる。

返済金額のうち，妻の収入から支払われたものとされる部分の金額

$$12万円 \times 500万円 / 1,200万円 = 5万円$$
$$5万円 \times 12月 = 60万円$$

毎月の受贈価額が5万円で1年間に60万円である

本年の場合，贈与税の基礎控除額以内（110万円）である。

財産の名義変更があった場合

財産の取得が他人名義で行われた場合や財産の名義が他人名義に変更されることがある。無償の取得や名義変更は，贈与税の課税対象となる。しかし新たに名義人となった者が，その事実を知らなかった場合には，贈与がなかったものとして取り扱うことができる。

1 財産の名義変更があった場合の取扱い

不動産，株式等の名義の変更があった場合において対価の授受が行われていないとき又は他の者の名義で新たに不動産，株式等を取得した場合においては，これらの行為は，原則として贈与として取り扱われる（相基通9-9）。

至極当然な規定である。名義変更が自由に行われた場合，相続税の存在意義が消滅する。

2 贈与事実の認定と実質課税

贈与とは当事者の一方が自己の財産を無償で相手方に与える意思を表示し，相手方が受諾する契約行為であるが贈与行為は全く赤の他人同士で行われることはほとんどない。夫婦・親子・親族間で相続税対策，若しくは将来のトラブルの対策等何らかの意図を持って財産を移転する。また，贈与行為の原則は「契約」であるが，現実には父親，夫が一方的に子や妻に財産の名義を書き換えることが多いことも事実である。そのため，贈与事実の認定や課税関係を複雑にしている。

課税の大原則である実質課税は贈与税においても適用される。財産の名義変更があった場合，対価を伴う取引によるものか対価を伴わないものかの判断を行う。対価を伴わない財産の移転があった場合，その名義変更の理由にかかわらず，その実質を判断する。しかし，贈与の大半は親族間で行われることが多

い現状から事実認定が困難である。そこで，財産の名義変更が対価の授受が行われていない場合や，他の者の名義で財産を取得した場合，それが贈与ではないと特に反証がない限り贈与があったと取り扱われる。

このような取扱いを行う理由は，「そうでないと，相続に際し，外観が実質であると主張されると，贈与税も相続税も課税できないという事態になるおそれがあるからである」（出典：相続税法基本通達逐条解説　大蔵財務協会）と説明されている。

そのため，財産の名義変更が無償で行われた場合や，他の者の名義で新たに財産を取得したときは，原則として贈与として取り扱われているのである。

こんな場合は認められない?!　事例でチェック

Q 父親名義の建物の増築費用を負担した場合

私は父名義の家屋に両親と同居しているが，子供が生まれたため手狭になってきた。そこで，増築工事を行うことにしたが，父は年金暮らしで資金に余裕がないため，私が工事費用を負担することになった。

この場合，課税関係は生じるか。

A 家屋の増築を行った場合，その増築した部分が家屋として独立した一戸の構造及び機能を有していない限り，その増築部分の家屋の所有権は民法242条の規定により増築前の家屋の所有者に帰属する。そのため，あなたの資金により増築した部分については，増築前の家屋の所有者である父に帰属する。資金の負担者とその資金負担により取得した資産の所有者が異なることとなるため，増築資金相当額の経済的利益に対する贈与税の課税問題が生じる。

【民法242条　不動産の付合】
　不動産の所有者は，その不動産に従として付合した物の所有権を取得する。ただし，権原によってその物を附属させた他人の権利を妨げない。

【昭和51年2月17日東京地裁判決（要旨）】
(1) 夫が妻名義の家屋につき増改築費用を出捐し，増改築工事をなさしめた場合，当該増改築部分は附合による妻の所有に帰するから，妻が夫に対し増改築工事について何ら対価を支払っていないときは，相続税法9条の適用を受ける場合に該当するとされた事例
(2) 相続税法9条の規定は，私法上の贈与契約によって財産を取得したのではないが，贈与と同じような実質を有する場合に贈与の意思がなければ贈与税を課税することができないとするならば，課税の公平を失することになるので，この不合理を補うために，実質的に対価を支払わないで経済的利益を受けた場合においては，贈与契約の有無にかかわらず贈与により取得したものとみなし，これを課税財産として贈与税を課税することとしたものである。
(3) 原告は無職であって夫の収入によって生活しているものであり，それ故にこそ夫が費用を負担して増改築工事をしたものであることが認められるから，夫がいまさら償還請求権を行使するものとは社会通念上到底認められない。したがって，法律上償還請求権が成立するとしても，これをもって，対価を支払った場合に当たるとして相続税法9条の規定の適用を排除すべき理由とはならないというべきである。

※本件の控訴審（東京高裁　昭52.7.17判決）及び上告審（最高裁　昭53.2.16判決）も同様に判示して，原審を維持している。

16 名義変更があっても贈与がなかったものとされる場合

財産の名義変更があった場合，原則として贈与税が課税されるが名義を戻せば課税されない場合もある。

1 名義変更があっても贈与税を課税しない趣旨

　対価の授受が行われていない財産の名義変更又は他人名義による財産の取得が行われた場合，原則として贈与税の課税対象となる。しかし，それが贈与の意思に基づくものでない他のやむを得ない理由に基づいて行われる場合や，権利者の錯誤に基づいて行われた場合などのものまで形式的に課税されることは適当でない場合がある。その名義変更等がこれらやむを得ない理由等に基づいて行われたものであるかどうかの判断は，これを確認するに足る客観的な事実の申出や証拠の提供を得られないケースが多いため，困難である。

　そこで，これらの行為が贈与の意志に基づかない，又は錯誤により行われたかどうか等の判断については，財産の名義人とその権利者とを一致させることによるものとし，「名義変更等が行われた後にその取消し等があった場合の贈与税の取扱いについて（昭和39年5月23日付直審（資）22他）」（以下，「名義変更通達」という）及び「名義変更が行われた後にその取消し等があった場合の贈与税の取扱いについて」通達の運用（昭和39年7月4日付直審（資）34他）（以下「運用通達」という）において，贈与契約の取消等があった場合の取扱いを定めている。

　親子，夫婦間の財産の名義変更は，一方的なものが多く，権利者として登記された者が，その名義人となった事実を知らないことが多い。課税当局からの指摘があって，初めて贈与税を認識することになる。このような場合に，名義変更通達に基づき，真実の所有者に名義を戻すことにより贈与税の課税は行わない。

《贈与契約の取消等があった場合の取扱い》

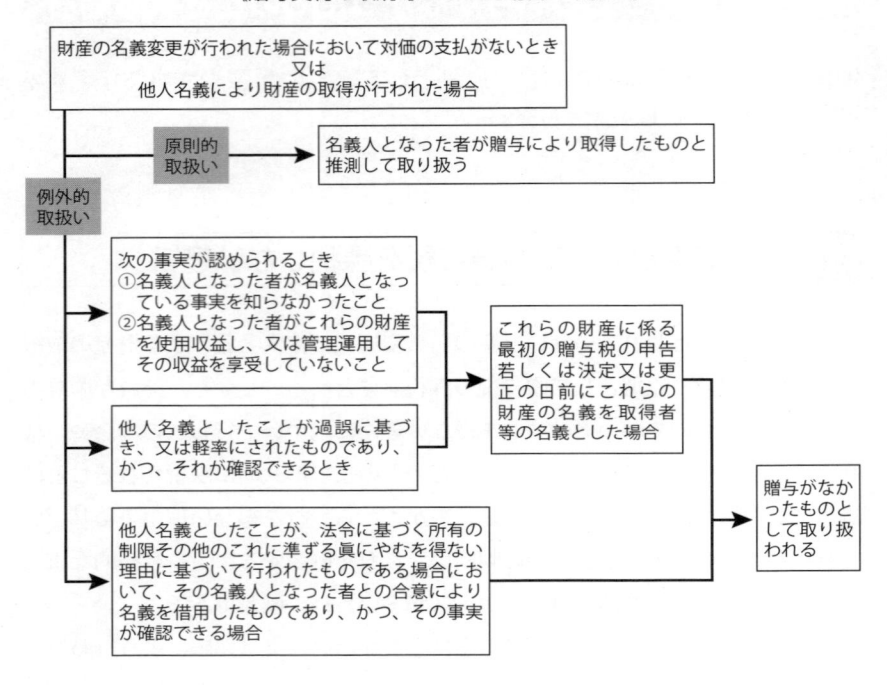

```
                財産の名義変更が行われた場合において対価の支払がないとき
                又は
                他人名義により財産の取得が行われた場合
                        │
        ┌───────────────┤
        │       原則的    名義人となった者が贈与により取得したものと
        │       取扱い  → 推測して取り扱う
        │
    例外的
    取扱い
        │
        ├→ 次の事実が認められるとき
        │   ①名義人となった者が名義人となっ
        │     ている事実を知らなかったこと
        │   ②名義人となった者がこれらの財産    これらの財産に係る
        │     を使用収益し、又は管理運用して    最初の贈与税の申告
        │     その収益を享受していないこと      若しくは決定又は更     贈与がなか
        │                                      正の日前にこれらの  →  ったものと
        ├→ 他人名義としたことが過誤に基づ      財産の名義を取得者      して取り扱
        │   き、又は軽率にされたものであり、    等の名義とした場合      われる
        │   かつ、それが確認できるとき
        │
        └→ 他人名義としたことが、法令に基づく所有の
            制限その他のこれに準ずる真にやむを得ない
            理由に基づいて行われたものである場合にお
            いて、その名義人となった者との合意により
            名義を借用したものであり、かつ、その事実
            が確認できる場合
```

2 他人名義による不動産等の取得があった場合

　他人名義により、不動産、船舶又は自動車の取得、建築又は建造の登記又は登録をしたため、相続税法基本通達9-9（第3章15「財産の名義変更があった場合」参照）に該当して贈与があったとされるときにおいても、その名義人となった者について次の①及び②の事実が認められるときは、これらの財産に係る最初の贈与税の申告若しくは決定又は更正（これらの財産の価額がその計算の基礎に算入されている課税価格又は税額の更正を除く）の日前にこれらの財産の名義を取得又は建築若しくは建造した者の名義としたときに限り、これらの財産については、贈与がなかったものとして取り扱われる（名義変更通達1）。

① これらの財産の名義人となった者（その者が未成年者である場合には，その法定代理人を含む）がその名義人となっている事実を知らなかったこと（その名義人となった者が外国旅行中であったこと又はその登記済証若しくは登録済証を保有していないこと等，当時の状況等から贈与の有無を客観的に確認できる場合に限る）
② 名義人となった者がこれらの財産を使用収益していないこと

3 過誤等により他人名義で財産を取得又は財産の名義変更があった場合

　他人名義により不動産，船舶，自動車又は有価証券の取得，建築又は建造の登記，登録又は登載等をしたことが過誤に基づき，又は軽率にされたものであり，かつ，それが取得者等の年齢その他により確認できるときは，これらの財産に係る最初の贈与税の申告若しくは決定又は更正の日前にこれらの財産の名義を取得者等の名義とした場合に限り，これらの財産については，贈与がなかったものとして取り扱われる。

　また，自己の有していた不動産，船舶，自動車又は有価証券の名義を他の者の名義に名義変更の登記，登録又は登載をした場合において，それが過誤に基づき，又は軽率に行われた場合においても，同様に取り扱われる（名義変更通達5）。

4 法令等により取得者の名義とすることができないため他人の名義とした場合

　他人名義により不動産，船舶，自動車又は有価証券の取得，建築又は建造の登記，登録又は登載が行われたことが法令に基づく所有の制限その他のこれに準ずる真にやむを得ない理由に基づいて行われたものである場合においては，その名義人になった者との合意により名義を借用したものであり，かつ，その事実が確認できる場合に限り，これらの財産については，贈与がなかったものとして取り扱うことができる。自己の有していた不動産，船舶，自動車又は有

価証券について，法令に基づく所有の制限その他これに準ずる真にやむを得ない理由が生じたため，他の名義人となる者との合意によりその名義を借用し，その者の名義に名義変更の登記，登録又は登載等をした場合において，その事実が確認できるときにおいても，また同様とする（名義変更通達6）。

5 贈与契約の取消し等があった場合

1 原則的な取扱い

贈与契約が法定取消権又は法定解除権に基づいて取り消され，又は解除されその旨の申出があった場合においては，原則として，その贈与契約に係る財産の価額は，贈与税の課税価格に算入されない（名義変更通達8）。

ただし，上記以外の場合は，贈与税の課税が行われていることに留意する。いったん効力の発生した贈与契約は，任意による取消や解除があっても贈与税の課税の対象となる。

2 贈与がなかったものと取り扱う場合

次のいずれにも該当しているときは，税務署長においてその贈与契約に係る財産の価額を贈与税の課税価格に算入することが著しく負担の公平を害する結果となると認める場合に限り，贈与はなかったものとして取り扱うことができる（名義変更通達11，運用通達4）。

贈与契約が取り消される場合等とは，法定取消権又は法定解除権によって取り消され，又は解除されるという場合と，当事者の合意に基づいて取り消され，又は解除されるという場合があり，それぞれ次のように取り扱われる。

■ **法定取消権等に基づいて贈与の取消し等があった場合**

贈与契約が，次の事由に基づいて取り消され又は解除され，その旨の申出があった場合においては，その取り消され又は解除されたことが，その財産の名義を元の所有者の名義に変更したことなどにより確認できる場合に限り，その贈与はなかったものとして取り扱われる（運用通達3）。

① 民法96条（詐偽又は強迫による取消権）の規定に基づくものについては，

詐偽又は強迫をした者について公訴の提起がされたこと，又はその者の性状，社会上の風評等から詐偽又は強迫の事実が認められること
② 民法754条（夫婦間の契約取消権）の規定に基づくものについては，その取消権を行使した者及びその配偶者の経済力その他の状況からみて取消権の行使が贈与税の回避のみを目的として行われたと認められないこと
③ 未成年者の行為の取消権，履行遅滞による解除権その他の法定取消権又は法定解除権に基づくものについては，その行為，行為者，事実関係の状況等からみて取消権又は解除権の行使が相当と認められること

■ **当事者の合意解除により贈与の取消しがあった場合**

　贈与契約が当事者の合意によって取り消され，又は解除された場合においては，原則として，その贈与契約による財産については贈与税が課税される。

　しかし，当事者の合意による取消し又は解除が，次の要件の全てに該当し，税務署長がその贈与契約に係る財産について贈与税を課税することにより，著しく負担の公平を害する結果となると認める場合に限り，その贈与はなかったものとして取り扱われる（運用通達4）。

① 贈与契約の取消し又は解除がその贈与に係る贈与税の法定申告期限までに行われ，かつ，その贈与に係る財産の名義を変更したこと等により確認できること
② 贈与契約に係る財産が，受贈者によって処分されたり，担保物権その他の財産権の目的とされ又は差押えその他の処分の目的とされていないこと
③ 贈与契約に係る財産について，贈与者又は受贈者が譲渡所得又は非課税貯蓄等に関する所得税その他の租税の申告又は届出をしていないこと
④ 受贈者が贈与契約に係る財産の果実を収受していないこと，又は収受した果実を贈与者に引き渡していること

3　贈与契約の取消し等による財産の名義変更があった場合

　贈与契約の取消し，又は解除により当該贈与に係る財産の名義を贈与者の名

義に名義変更した場合のその名義変更については，贈与として取り扱われない（名義変更通達12）。

こんな場合は認められない?!　事例でチェック

Q　妻名義の貸家の家賃を受け取っていた場合

昨年3月に，夫が自己資金で建築した貸家の名義を妻にした。妻は家賃を毎月受け取っており，妻が小遣いとして使っていた。名義変更について税務署から調査があり，贈与税の対象となると指摘された。

A

夫が勝手に建物の名義変更をし，妻が知らなければそもそも贈与契約自体の存在がないわけであるから，贈与税が課税されることはない。

しかし本件の場合，貸家の名義が自分に変更されたことを知っている，家賃を受け取っている，その家賃を自己のために費消している等の事実があり，贈与事実を知らなかったということにはならないため，贈与があったものと取り扱われる。

Q　夫婦共有で取得した土地建物の名義の割合が異なる場合

夫婦で自宅を4,000万円で取得し，名義を各自2分の1とした。妻は自分名義の預金200万円を充当した。取得資金について税務署から照合があった。

A

財産を取得するにあたって，拠出した金額に応じた持分を取得しない場合，贈与税の対象となる。妻の持分は4000分の200つまり20分の1が適切である。これなどは軽率な名義変更であるから，それぞれ名義変更をした最初の贈与税の申告期限（翌年の3月15日）若しくは決定又は更生前に正しい持分に変更すれば贈与税の課税はない。

Q　事業用資産の名義変更をした場合

事業に失敗し廃業した。債権者から私財の処分が求められたが，これらの財産を失うと通常の生活に重大な支障を来すため，やむを得ず知人の名義に変更した。

A
このような場合の名義変更は贈与の意志がなく，単に知人名義の借用であるため贈与税の課税がされることはない。ただし，配偶者や3親等内の血族及び3親等内の姻族の名義にした場合には，贈与税の課税対象となる。

Q　他人名義で借り入れた場合

甲は住宅金融支援機構等から融資を受ける際に，借入資格のある乙の名義によって資金を借り入れ，その貸付の条件に従い，乙名義で居住の用に供する土地や家屋を取得した。

A
この場合，次の①から⑤までに掲げる事項等によって，その事実が確認できることが必要である（運用通達2）。

① 甲が，土地又は家屋の購入又は建築に要する頭金等の資金を調達し，かつ，住宅金融公庫等からの借入金を返済していること
② 甲は，他に居住の用に供することのできる家屋を所有していないこと
③ 土地又は家屋の取得直前において，甲が住宅金融公庫その他の住宅の建築に関する資金の貸付を行う者に対して融資の申込みをし，かつ，抽選に外れたことによって融資を受けられなかった事実があること，又はその申込みができなかったことにつき特別の事情があること
④ 取得した土地又は家屋に乙が入居せず，甲が居住していること
⑤ 取得した土地又は家屋に附属する上下水道，ガス等の設備を甲が設置していること

Q 土地建物の贈与の取消しがあった場合

　昨年の2月，同居する父から，私と父が居住している自宅の贈与を受け，登記手続も済ませた。しかし，翌年の正月に親族が集まった際に，妹夫婦から贈与を取り消すようクレームが付き，1月末に名義を父に戻した。

　名義を2回変更しており，二重に贈与税がかかるのではないかと心配している。

A 贈与契約の取消しが，その贈与があった日の属する年分の贈与税の申告書の提出期限までに行われており，変更登記も済ませていることから，贈与はなかったものと取り扱われる。したがって，贈与税は課税されない。

第3章
贈与税の各種特例

　贈与税は元来受贈財産価額から基礎控除額を控除した金額に税率を乗じるだけの大変シンプルな税構造である。この数年，高齢者の資産の早期活用や事業継承に活用できる特例が創設され，次第に複雑なものとなっている。この章では，配偶者に対する生活保障等のための「贈与税の配偶者控除」，高齢者の保有する資産の円滑な移転等のための「相続時精算課税制度」など，それぞれ目的を持って設けられた各種特例について解説する。

1 配偶者控除

結婚して20年以上の配偶者に居住用家屋や土地を贈与した場合の非課税の特例である。控除額が2,000万円であるため，相続税対策として一層の活用が望まれる。

1 特例の概要

婚姻期間が20年以上の配偶者から一定の居住用不動産又は居住用の不動産を取得するための金銭の贈与を受けた場合には，その贈与を受けた価額から2,000万円までの金額を控除できる特例である（相法21の6）。

配偶者に対する生活保障という目的で，生前に生活基盤を安定させる一助とするために昭和41年に創設された。その後の控除額等の変遷は下記のとおりである。現行の控除額2,000万円は昭和63年に改正されたものである。当時の地価水準と比した場合，贈与できる面積が大幅に増える。増税方向にある相続税の対策のひとつとして活用効果は高い。

▼配偶者控除特例の変遷

改正年	控除額等の改正内容
昭和41年	創設。婚姻期間25年以上。控除額160万円
昭和46年	婚姻期間20年以上。控除額360万円
昭和48年	控除額560万円
昭和50年	控除額1,000万円
昭和63年	控除額2,000万円

2 要件

この規定の適用を受けるためには，次の全ての要件を満たす必要がある。

① 贈与者は，婚姻期間20年以上である受贈者の配偶者であること
  ・婚姻期間は，民法739条1項に規定する婚姻の届出のあった日から贈与の日までの期間をいう（相令4の6）
  ・婚姻期間に贈与者の配偶者でなかった期間がある場合には，その期間を除く（相令4の6②）
  ・婚姻期間に1年未満の端数がある時は切り捨てる
② 日本国内にある居住用不動産若しくは居住用不動産を取得するための金銭の贈与の場合のみに適用すること
  ・居住用不動産とは，贈与を受けた配偶者が居住するための日本国内にある家屋又はその家屋の敷地（借地権を含む）をいう
    居住用家屋のみあるいは居住用家屋の敷地のみ贈与を受けた場合も配偶者控除を適用できるが，居住用家屋の敷地のみの贈与について配偶者控除を適用する場合には，次のいずれかに当てはまることが必要である。
     イ　夫又は妻が居住用家屋を所有していること
     ロ　贈与を受けた配偶者と同居する親族が居住用家屋を所有していること
  ・居住用家屋の敷地が借地権のときに金銭の贈与を受けて，地主から底地を購入した場合も配偶者控除を適用できる
③ 贈与を受けた年の翌年3月15日までにその居住用不動産を受贈者の居住の用に供し，かつ，その後引き続き居住の用に供する見込みであること
  金銭を受贈した場合には居住用不動産を取得し贈与を受けた年の翌年3月15日までにその居住用不動産を受贈者の居住の用に共し，かつその後引き続き居住の用に共する見込みであること
④ 贈与があった年の翌年2月1日から3月15日までの間に贈与税の申告をすること
⑤ 添付書類（相規9）
  ・戸籍謄本（抄本）及び戸籍の附票の写し（贈与税の配偶者控除の対象とな

る財産の贈与を受けた日から10日を経過した日以後に作成されたものに限る）
・その取得した居住用不動産の登記事項証明書
・住民票の写し（居住用不動産を受贈者の居住の用に供した日以後に作成されたものに限る）

ただし，戸籍の附票の写しに記載されている住所が居住用不動産の所在場所である場合は，住民票の写しの添付は不要である。

3 計算

贈与税の配偶者控除額は，次の①②に掲げる金額のうちいずれか低い金額である。

> ① 2,000万円
> ② 贈与により取得した居住用不動産の価額 ＋ 贈与により取得した金銭のうち居住用不動産の取得に充てた部分の金額

具体的には贈与税の基礎控除額110万円も同時に適用できるので合計2,110万円を控除できる。

受贈価額が2,110万円を超えた場合は，暦年課税の税率を適用に贈与税額を計算する。

> 贈与税額＝（贈与を受けた財産の合計額－配偶者控除額（2,000万円）－基礎控除額（110万円））× 税率

4　贈与者が贈与した年中に死亡した場合

　相続や遺贈によって財産を取得した者が，相続開始の年に財産の贈与を受けていた場合には，その贈与を受けた財産の価額は相続税の課税価格に加算される。

　居住用不動産の贈与を受けた年にその贈与を行った配偶者が死亡した場合，贈与された居住用不動産について配偶者控除を受けるときは相続税の課税価格に加算されない。ただし，贈与税の申告をする必要がある（相法19②,相令4②）。

こんな場合は認められない?!　事例でチェック

Q　婚姻期間が20年に満たない場合

　婚姻年数は20年であるが婚姻した日から贈与の日までの実際の年数は19年と360日である。

A　婚姻期間が20年以上ないと適用を受けられない。戸籍の婚姻した日から贈与を受けた日までの年数をカウントして実年数で20年以上であることを確認する必要がある。

Q　居住用以外の部分がある場合

　店舗兼自宅について，住居以外の部分も含め全体を特例の対象としている。

A　配偶者の生活基盤の安定のための贈与であるため居住用土地家屋でなければ適用を受けることはできない。

　建物の登記が「店舗兼住宅」，「共同住宅」などとなっていないか確認する。住居以外の部分がある場合は，その利用実態を確認する。

Q 同一配偶者から複数回適用を受けることができるか

　20年前に配偶者からの贈与について配偶者控除の適用を受けたが，その後20年経過したため同一の配偶者からの別の居住用財産の贈与について適用が受けられるか。

A 贈与税の配偶者控除の特例の適用は，同一配偶者から一生に一回だけに限られる。

贈与税申告書の記載例

Q 配偶者控除の特例を適用する贈与

　平成25年8月18日，岡山好子（昭和20年7月26日生）は，夫である岡山一男（昭和19年7月1日生）から以下の財産の贈与を受けた。なお，婚姻年月日は昭和55年4月1日である。

A 贈与税の申告書は，以下のように記載する。なお，配偶者控除特例のチェックシートが東京国税局のHPにあるので，活用するとよい。

　　○　土地（宅地）
　　　　　　札幌市西区○○△丁目×番
　　　　　　路線価260,000円/㎡
　　　　　　地積180㎡
　　　　　　※持分2分の1のみを贈与した。
　　○　建物（居宅）
　　　　　　札幌市西区○○△丁目×番
　　　　　　固定資産税評価額　980,300円
　　　　　　床面積124.35㎡

平成25年分贈与税の申告書

札幌西 税務署長
平成26年3月3日提出
提出用
FD4723
第一表（平成22年分以降用）

住所: 〒×××-××××　電話 ×××-×××-××××
札幌市西区○○△丁目×番

フリガナ: オカヤマ ヨシコ
氏名: 岡山 好子 ㊞

生年月日: 3 20 07 26 （昭和）
職業: 無職

（単位は円）

I 暦年課税分

贈与者1
- 住所: 札幌市西区○○△丁目×番
- フリガナ: オカヤマ カズオ
- 氏名: 岡山 一男
- 続柄: 夫
- 生年月日: 昭19年7月1日
- 取得した財産: 土地・宅地・自用地（持分2分の1）180.00m²　260,000
- 所在場所等: 札幌市西区○○△丁目×番
- 財産を取得した年月日: 平成25年08月18日
- 財産の価額: 23,400,000

贈与者2
- 住所: 〃
- 続柄: 〃
- 生年月日: 明・大・昭・平　年　月　日
- 取得した財産: 家屋・家屋（木・瓦・居宅）・自用家屋　124.35m²　980,300　1.0
- 所在場所等: 札幌市西区○○△丁目×番
- 財産を取得した年月日: 平成25年08月18日
- 財産の価額: 980,300

項目	番号	金額
財産の価額の合計額（課税価格）	①	24,380,300
配偶者控除額（最高2,000万円）	②	20,000,000
基礎控除額	③	1,100,000
②及び③の控除後の課税価格（①－②－③）【1,000円未満切捨て】	④	3,280,000
④に対する税額	⑤	406,000
外国税額の控除額	⑥	
差引税額（⑤－⑥）	⑦	406,000

配偶者控除を受けた居住用不動産の贈与を受けた金額のうち居住用不動産の取得に充てた部分の金額の合計額 24,380,300円

II 相続時精算課税分

項目	番号	金額
特定贈与者ごとの課税価格の合計額	⑧	
特定贈与者ごとの差引税額の合計額	⑨	

III 合計

項目	番号	金額
課税価格の合計額（①+⑧）	⑩	24,380,300
差引税額の合計額（納付すべき税額）（⑦+⑨）【100円未満切捨て】	⑪	406,000
農地等納税猶予税額	⑫	
株式等納税猶予税額	⑬	
申告期限までに納付すべき税額（⑪－⑫－⑬）	⑭	406,000

この申告書が修正申告書である場合
項目	番号	金額
差引税額の合計額（納付すべき税額）の増加額	⑮	
申告期限までに納付すべき税額の増加額	⑯	00

第3章 贈与税の各種特例

平成24年分 贈与税の配偶者控除の特例のチェックシート

○ このチェックシートは、平成24年中に贈与を受けた財産について、「配偶者控除（2,000万円控除）の特例」を適用することができるかどうかについて主なチェック項目を示したものです。下の回答欄の左側のみに○がある場合には、原則としてこの特例の適用を受けることができます。

【回答欄】該当する回答を○で囲んでください。

住所＿＿＿＿＿＿＿＿＿＿＿＿＿＿＿　氏名＿＿＿＿＿＿＿＿＿＿＿＿＿＿＿

1	贈与者はあなたの配偶者（夫又は妻）ですか。	はい	いいえ
2	婚姻の届出をした日から贈与を受けた日までの期間は20年以上ですか。	はい	いいえ
3	これまでに、この特例の適用を受けたことがありますか。	はい／いいえ	
4	【3で「はい」と回答した人のみ記入してください。】前回、この特例の適用を受けたときの贈与者と今回の贈与者は同じですか。	いいえ	はい
5	贈与を受けた財産は不動産（土地等・建物）又は金銭ですか。	はい	いいえ
6	【贈与を受けた財産のうちに不動産がある人のみ記入してください。】その不動産は、国内にある不動産ですか。	はい	いいえ
7	【贈与を受けた財産のうちに金銭がある人のみ記入してください。】その金銭を平成25年3月15日までに国内にある居住用の不動産の取得に充てますか。	はい	いいえ
8	6又は7の不動産に現在居住していますか。又は平成25年3月15日までに居住する見込みですか。	はい	いいえ
9	今後引き続きこの不動産に居住する予定ですか。	はい	いいえ

（注）店舗兼住宅などのように居住の用とそれ以外の用とに供されている不動産である場合は、居住の用に供している部分のみについて配偶者控除が適用されます。

○ この特例の適用を受ける場合には、贈与税の申告書に次の表に掲げる書類を添付し提出してください。

	提出書類	※	チェック欄
1	受贈者の戸籍の謄本又は抄本（居住用不動産等の贈与を受けた日から10日を経過した日以後に作成されたものに限ります。）	◎	□
2	受贈者の戸籍の附票の写し（居住用不動産等の贈与を受けた日から10日を経過した日以後に作成されたものに限ります。）	◎	□
3	控除の対象となった居住用不動産の登記事項証明書	◎	□
4	受贈者の住民票の写し（控除の対象となった居住用不動産を居住の用に供した日以後に作成されたものに限ります。）※　上記2の「戸籍の附票の写し」に記載されている贈与を受けた人の住所が、この特例の対象となった居住用不動産の所在場所と同じである場合には、提出する必要はありません。	◎	□
5	贈与を受けた土地・家屋の固定資産税評価証明書（土地を路線価方式により評価する場合には、土地の固定資産税評価証明書は必要ありません。）※　金銭の贈与を受けた方は、固定資産評価証明書の代わりに売買（工事請負）契約書、領収証等の写しの提出をお願いします。	○	□

※　必ず提出していただく書類を『◎』で、提出をお願いしている書類を『○』で表示しております。

※　このチェックシートは、贈与税の申告書に添付して提出してください。

（参考）不動産を取得された場合には、不動産取得税（地方税）が課税されます。詳しいことは都税・県税事務所にお尋ねください。

（東京国税局HP）

2 相続時精算課税制度

相続時精算課税制度は，一定の要件の下，暦年課税に代えて選択適用できる特例である。2,500万円まで特別控除枠があり，2,500万円を超えた場合でも一率20%の税率であるため活用効果は高いが，デメリットもあるため適用にあたっては十分に検討する。

1 相続時精算課税制度の概要

　高齢者の保有する資産を早期に次世代の活用を促すことや，事業承継をスムースに行うための施策の一環として平成15年に，贈与者が65歳以上，推定相続人である受贈者が20歳以上であるとき暦年課税に代えて相続時精算課税を選択できる制度として創設された。

▼平成22年分贈与財産価額階級別表

取得財産価額階級	暦年課税分 人員 (人)	暦年課税分 取得財産価額 (百万円)	相続時精算課税分 人員 (人)	相続時精算課税分 取得財産価額 (百万円)	合計 人員 (人)	合計 取得財産価額 (百万円)
150万円以下	116,503	140,151	1,779	1,753	117,354	141,028
150万円超	32,482	59,483	1,481	2,669	33,829	61,9125
200万円超	65,960	190,760	6,648	20,322	72,311	210,214
400万円超	26,875	137,960	10,755	58,592	37,484	195,800
700万円超	7,275	61,290	9,167	80,905	16,419	141,946
1,000万円超	8,292	118,864	13,618	197,377	21,908	316,149
2,000万円超	2,989	65,990	5,415	130,579	8,416	196,874
3,000万円超	342	12,933	1,156	43,653	1,536	57,863
5,000万円超	233	16,773	394	26,506	637	43,934
1億円超	109	19,080	204	33,170	315	52,416
3億円超	23	9,271	25	10,222	48	19,510
5億円超	22	15,829	18	12,704	41	29,189
10億円超	23	33,036	6	7,945	29	40,981
20億円超	1	2,509	1	2,722	2	5,231
30億円超	4	16,000	—	—	4	16,000
50億円超	—	—	—	—	—	—
合　計	261,133	899,927	50,667	629,120	310,333	1,529,047

（平成22年分贈与税申告状況：国税庁統計資料を基に作成）

2　相続時精算課税と暦年課税の選択

　暦年課税の場合は，受贈者がその年中に贈与を受けた財産の合計額が110万円以下であれば贈与税の申告は不要である。しかし，110万円を超える贈与を受けると，その超える部分について贈与税が課税される。

　一方，相続時精算課税を選択した場合は，贈与を受けた財産の合計額が2,500万円まで一定の要件の下，特別控除2,500万円を適用することができる。この特例は，贈与者ごとに選択適用ができる。

　ただし，将来贈与者に相続があった場合，暦年課税であれば相続開始前3年内の贈与財産のみが相続税の課税対象であるが，相続時精算課税を選択すると

選択年以後の全ての贈与財産が相続税の課税対象となる。適用を受ける際は将来の相続税負担も考慮した上で検討する必要がある。

▼相続時精算課税と暦年課税

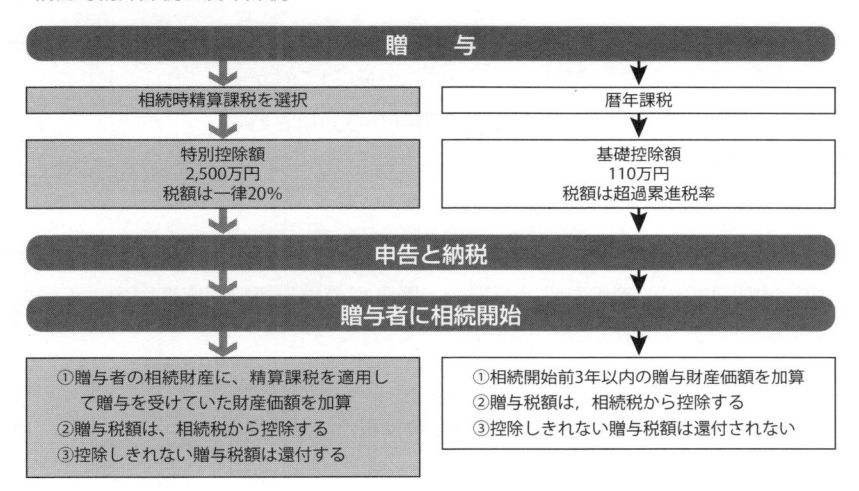

```
                         贈   与
            ↓                              ↓
    相続時精算課税を選択                  暦年課税
            ↓                              ↓
       特別控除額                       基礎控除額
       2,500万円                        110万円
     税額は一律20%                  税額は超過累進税率
            ↓                              ↓
                      申告と納税
                         ↓
                   贈与者に相続開始
            ↓                              ↓
①贈与者の相続財産に、精算課税を適用し    ①相続開始前3年以内の贈与財産価額を加算
  て贈与を受けていた財産価額を加算      ②贈与税額は、相続税から控除する
②贈与税額は、相続税から控除する        ③控除しきれない贈与税額は還付されない
③控除しきれない贈与税額は還付する
```

3　要件

相続時精算課税を適用する要件は次のとおりである（相法21の9～21の18）。

1　贈与者
① 贈与した年の1月1日において65歳以上であること
（平成25年の贈与なら昭和23年1月2日以前に生まれた人）
② 贈与した時において受贈者の親であること

（注）平成25年度税制改正で、贈与者の年齢要件が60歳以上に引き下げられる予定である。
この改正は平成27年1月1日以後の贈与から適用される。

2 受贈者

① 贈与を受けた年の1月1日において20歳以上であること

（平成25年の贈与なら平成5年1月2日以前に生まれた人）

② 贈与を受けた時において贈与者の子（直系卑属である推定相続人）であること

（注）平成25年度税制改正で受贈者の範囲に，20歳以上の孫が追加される予定である。この改正は平成27年1月1日以後の贈与から適用される。

3 受贈物件

制限はない。

4 申告要件

相続時精算課税の適用を受ける場合，贈与税の申告書の提出期限内に下記の書類を提出する（相規10①）。

① 贈与税の申告書第一表

② 贈与税の申告書第二表（相続時精算課税の計算明細書）

③ 相続時精算課税選択届出書

④ 受贈者の戸籍の謄本又は抄本その他の書類で次の内容がわかるもの

・受贈者の氏名，生年月日

・受贈者が贈与者の推定相続人に該当すること

⑤ 受贈者の戸籍の附票その他の書類で，受贈者が20歳に達した時以後の住所又は居所を証する書類

・受贈者の平成15年1月1日以後の住所又は居所を証する書類でも良い（相基通21の9-5）

⑥ 贈与者の住民票の写しやその他の書類で，贈与者の氏名，生年月日を証する書類

⑦ 贈与者の戸籍の附票の写しその他の書類で，贈与者が65歳に達した以後の住所又は居所を証する書類

・贈与者の平成15年1月1日以後の住所又は居所を証する書類でも良い

5　税率
特別控除2,500万円を超えた部分は20％の定率である。

4　計算

相続時精算課税を適用して贈与を受けた場合の大まかな流れは次のとおりである。なお，1年目に一括贈与を受けることもできる。

《相続時精算課税を選択した場合の流れ》

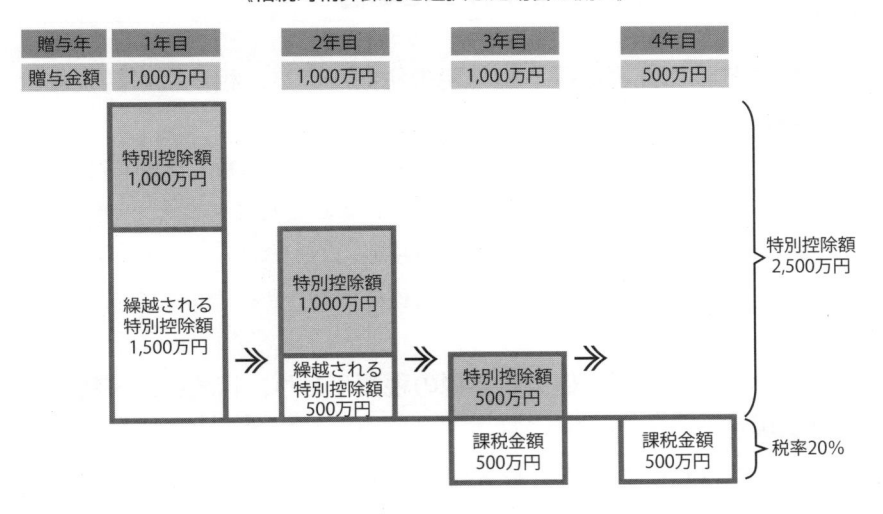

贈与年	1年目	2年目	3年目	4年目
贈与金額	1,000万円	1,000万円	1,000万円	500万円

- 1年目：特別控除額1,000万円、繰越される特別控除額1,500万円
- 2年目：特別控除額1,000万円、繰越される特別控除額500万円
- 3年目：特別控除額500万円、課税金額500万円
- 4年目：課税金額500万円

特別控除額 2,500万円／税率20％

5　特徴

相続時精算課税は，贈与者に相続開始までに期間が長くなることと，特別控除2,500万円の枠をいつでも利用できること等から，次のような特徴がある。

① 相続時に精算する場合，相続財産に加算する金額は贈与を受けた時の価額である。
② 贈与税額は相続税から控除されるが，贈与税額が過大な場合は相続税の申告をすることにより還付される。

③ 一度この特例を選択すると，その贈与者から受ける贈与財産については全て相続時精算課税が適用され，暦年課税に戻ることはできない。
④ 受贈財産が2,500万円を超えた場合，その後の年分の贈与で110万円以下であっても贈与税の申告をする義務がある。
⑤ この特例は贈与者ごとに選択できる。子供たちがそれぞれ父と母から贈与を受けることができる。

6 特定贈与者に相続があった場合

1 相続時精算課税に係る贈与税の税額があり，相続税が課税される場合

相続税額から贈与税額（外国税額控除前の税額とし，延滞税，加算税等に相当する税額を除く）に相当する金額を控除して計算を行う。

控除しきれない金額があるときは，その控除しきれなかった金額に相当する税額の還付を受けるため，相続税の申告書を提出できる（相法27③，33の2①）。

2 相続時精算課税に係る贈与税の税額があり，相続税が課税されない場合

相続財産が基礎控除以下で相続税の申告を行う必要がなくても，相続時精算課税を適用した贈与税額がある場合には，上記1と同様，相続税の申告書を提出することにより贈与税の還付請求ができる。

還付金に係る国に対する請求権は，その請求をすることができる日から5年間行使しないことによって時効により消滅する。したがって相続税の還付申告書は，特定贈与者の相続開始の翌日から起算して5年を経過する日まで提出することができる（相基通27-8）。相続税の申告書の提出期限（相続の開始があったことを知った日の翌日から10月以内）には縛られない。

3 相続時精算課税に係る贈与税の税額がなく，相続税が課税されない場合

相続税の納税又は贈与税の還付がないため相続税の手続は必要ない。

税務署に贈与者が死亡したことを連絡する必要もない。

《贈与税の還付》

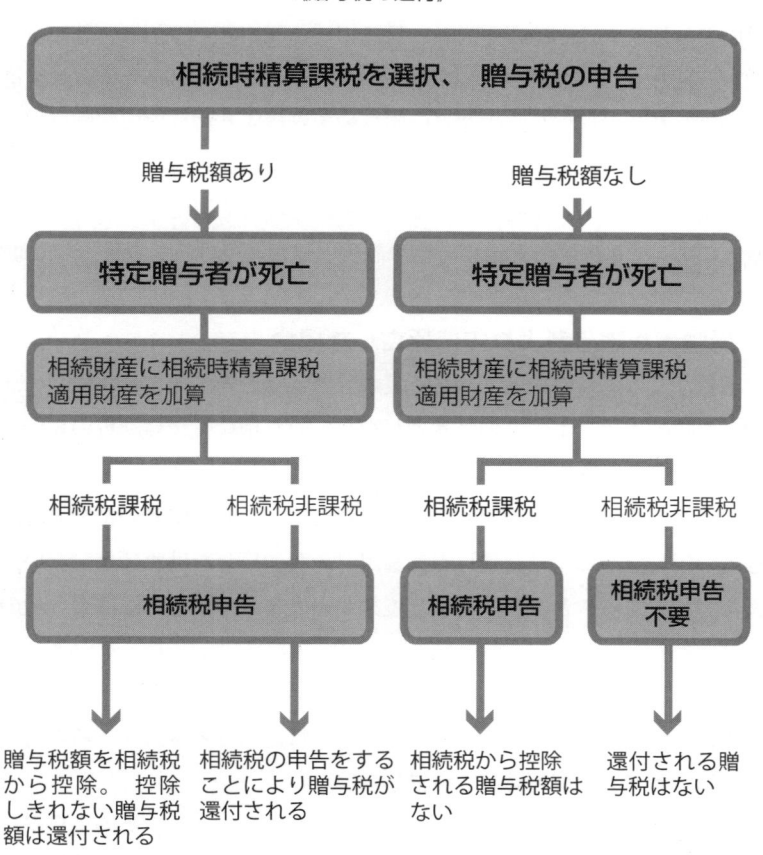

```
          相続時精算課税を選択、贈与税の申告
         ／                              ＼
    贈与税額あり                      贈与税額なし
         ↓                              ↓
    特定贈与者が死亡              特定贈与者が死亡
         ↓                              ↓
    相続財産に相続時精算課税      相続財産に相続時精算課税
    適用財産を加算              適用財産を加算
      ／      ＼                   ／         ＼
  相続税課税  相続税非課税      相続税課税   相続税非課税
     ↓         ↓                ↓             ↓
  相続税申告  相続税申告       相続税申告   相続税申告
                                              不要
     ↓         ↓                ↓             ↓
  贈与税額を   相続税の申告を   相続税から控除  還付される贈
  相続税から   することによ    される贈与税額  与税はない
  控除。控除   り贈与税が還    はない
  しきれない   付される
  贈与税額は
  還付される
```

7 受贈者が特定贈与者より先に死亡した場合

1 受贈者が「相続時精算課税選択届出書」を提出する前に死亡した場合

受贈者が「相続時精算課税選択届出書」を提出する前に死亡した場合は，その受贈者の相続人は，その受贈者に係る相続の開始のあったことを知った日から10カ月以内に「相続時精算課税選択届出書」及び「相続時精算課税選択届出書付表」をその死亡した受贈者の贈与税を管轄する税務署に共同で提出する。

これにより相続時精算課税の権利義務を承継することになる。

相続人が2名以上いる場合は，この付表に連署して提出しなければならない。相続人の1人でも欠けると相続時精算課税の適用が受けられない（相基通21の18-2）。

2 受贈者が贈与者より先に死亡した場合

受贈者がこの適用対象者である特定贈与者よりも先に死亡した場合は，その受贈者の相続人は，本来この受贈者が有していた相続時精算課税の規定に関する権利や義務を承継する。

その後特定贈与者に相続開始があった場合に，この受贈者の相続人は，特定贈与者の相続財産に相続時精算課税適用財産を加算しなければならない。

また，加算することによって贈与税額が過大となったときには贈与税の還付が受けられる。

留意点としては，以下のとおりである。

■ **相続時精算課税適用者の相続人のうちに特定贈与者本人がいる場合には，その特定贈与者は権利義務を承継しない。**

父親が息子に相続時精算課税を適用して贈与を行った。その後息子が先に死亡して相続人がたまたま父親である特定贈与者しかいなかった場合などがある（相法21の17）。このときは権利義務を承継しない。

特定贈与者のみが相続人であるときは，その権利義務は後順位の相続人となる者には相続されず消滅することになるので，その相続人例えば兄弟姉妹

には相続されない（相基通21の17-3）。

■ 受贈者の相続人が2人以上いる場合，その相続人の承継は民法900条から902条に規定する割合で按分する。

　受贈者が死亡してその相続人が配偶者と子供1人であれば，相続財産のうち受贈財産の全てを遺産分割協議によって配偶者が取得していたとした場合でも相続割合は配偶者2分の1，子2分の1である。

　その後特定贈与者が死亡した場合，その特定贈与者の相続税の納税額又は還付を受ける税額についてはその割合による。

　ただし，相続人が配偶者と母親及び特定贈与者である父親3人である場合は，父親は権利義務を承継しないので配偶者3分の2，母親3分の1という相続配分となる（相基通21の17-2）。あくまでも相続時精算課税適用財産の割合の配分であるから，相続人としての民法上の相続分とは異なる。民法上の相続分は配偶者3分の2，父親6分の1母親6分の1である。

■ 父母からそれぞれ贈与を受けていた場合は，互いに引き継ぐ。

　父母それぞれからの贈与について相続時精算課税の適用を受けており，子の相続人が父母のみで，その父母より先に子が死亡した。特定贈与者である父から贈与を受けたことに伴う納税に係る権利義務は子の相続人である母が承継し，母からの分は父が承継する。

■ 受贈者の相続人が死亡している場合，その再承継相続人に対しては権利義務は承継されない（相基通21の17-1）。

8　身分関係に変化があった場合（相法21の9④・⑤）

1　20歳以上の者が65歳以上の者から贈与を受けたが，その年の途中で贈与者の養子となったことによりその贈与者の推定相続人となった場合

　推定相続人となった時以前に贈与により取得した財産については相続時精算課税の適用はできない。あくまでも推定相続人となった以後の贈与についての

み適用がある。

2 受贈者が，その特定贈与者の推定相続人でなくなった場合

相続時精算課税適用財産の贈与を受けてはいるが，離縁するなどして特定贈与者との縁が切れたとしても特例の適用はできる。

9 相続対策としての相続時精算課税制度

値上がりが期待できる資産や収益を生む資産は，相続時精算課税制度を利用した贈与が有効である。

相続時精算課税制度のメリットとデメリットをまとめてみよう。

1 相続時精算課税制度のメリット・デメリット

【メリット】
① 課税価格2,500万円まで非課税，超えても20％の税率で贈与が可能
② 「贈与時の時価」で相続財産に加算され相続税が計算されるため，値上がりが期待できる資産を贈与することで，将来の相続発生時における財産評価額を抑えられる
③ 収益物件の贈与により，相続財産の増加を防ぐことができる
④ 後継者に自社株や会社の事業継続に必要な財産を確実に引き継ぐことができる
⑤ 若い世代に資産を早期に承継させることで，その運営や経営についての訓練教育を早くから始められる

【デメリット】
① 相続時精算課税制度を適用して贈与した財産の価額が相続発生時に下落していたとしても，贈与時の高い価額で精算しなければならない
② 一度，相続時精算課税制度を利用して贈与した場合には，その特定贈与者からの贈与については暦年課税による贈与ができなくなる
③ 相続時精算課税制度により贈与した財産は，物納の対象にできない

2　生前贈与は納税資金も考えて

贈与を受けた資産を消費してしまうなどして，相続時に納税資金がないということも起こり得る。このような事態を避けるために，あらかじめ贈与方法を十分に検討しておいた方がよい。例えば，次のような贈与方法が考えられる。

① 納税資金をセットにして贈与し，その資金については，贈与後きちんと管理する
② 収益資産の贈与を行い，収益資金の蓄積から将来納税できるようにする

こんな場合は認められない?!　事例でチェック

Q　特別控除額2,500万円を適用した後の贈与税の申告

Aは父から平成15年に相続時精算課税を適用して2,500万円の贈与を受けた。その後毎年100万円の贈与を受けている。平成24年に父が死亡したので，相続財産に2,500万円を加算して相続税の申告をする予定である。

A 相続時精算課税の特別控除額2,500万円を適用した後は，贈与税の計算の上で控除額がない。平成15年分以降の贈与税の申告と納税が必要である。贈与税の除斥期間は6年である（相法36）。

贈与税の除斥期間を経過した年分の贈与財産は贈与税が課税されているかどうかにかかわらず相続税の課税価格に全て加算することに注意する（相基通21の15-1）。

Q　相続時精算課税の適用を受けた財産を物納したい

Bは父から平成19年に宅地7,000万円の贈与を受けて相続時精算課税を適用して申告と納税を行った。平成24年に父が死亡したが，相続財産は自社株が主であり，納税資金がない。そのため受贈財産を物納する予定である。

A 相続時精算課税の適用を受けた財産は物納できない（相法41②）。

Q 相続時精算課税を適用していた受贈者が贈与者より先に死亡した場合

父Aは平成22年5月に死亡したが，平成20年に祖父Bから相続時精算課税を適用して3,000万円の贈与を受けていた。平成24年9月に特定贈与者であるBが死亡し，相続税の申告が必要である。贈与財産の取扱いはどうなるか。なおBの相続人はAの弟D，E及びAの子であるCである。Aの相続人はC及びAの配偶者Fである。

A

特定贈与者Bの相続開始前に受贈者であるAが死亡したため，Aの相続人であるC及びFはAの相続時精算課税に関する権利及び義務を引き継ぐ。Bの相続財産に相続時精算課税適用財産を加算し，納税又は還付の計算を行う。FはBの相続人ではないが，Bの相続税の納税をしなければならない場合がある。

Q 推定相続人になると同時に贈与を受けた場合

甲（67歳）は甲の子乙を被保険者，甲の孫丙（21歳）を受取人とする生命保険契約を締結し，保険料を支払っていたが，被保険者である乙が死亡したことにより丙に生命保険金が支払われた。丙はこの生命保険金について贈与により取得したものとみなされるが，この贈与について相続時精算課税の適用を受けることができるか？

A

年の中途においてその者の推定相続人となったときには，推定相続人となった時前にその者からの贈与により取得した財産については，相続時精算課税の適用がないものとされている。

法律用語において「時」とはある時点を指すものとされている。また，ある時点から遡る場合に起算点を含むときは「以前」と表現するため，「時前」とは起算点を含まない表現である。

よって，推定相続人になった時に贈与により取得した財産については，相続時精算課税の適用がある。

贈与税申告書の記載例

Q 相続時精算課税を適用する贈与

平成25年10月20日,井上花子(昭和43年1月5日生)は,父である井上一郎(昭和12年11月26日生)から以下の財産の贈与を受け,相続時精算課税を選択することとした。

A 贈与税の申告書(第一表),相続時精算課税の計算明細書(第二表),相続時精算課税選択届出書は以下のように記載する。なお,相続時精算課税を選択する場合のチェックシートが東京国税局のHPにあるので,活用するとよい。

- 贈与財産
  - 土地(宅地)
    西東京市○○△丁目×番×号
    路線価180,000円/㎡
    地積145㎡

平成25年分贈与税の申告書

東村山 税務署長
平成26年2月27日提出
FD4723

提出用

住所	〒×××-×××× (電話 ×××-×××-××××) 西東京市○○△丁目×番×号
フリガナ	イノウエ ハナコ
氏名	井上 花子 ㊞
生年月日	3 43年 01月 05日 (昭和3)
職業	無職

税務署整理欄（記入しないでください。）

第一表（平成22年分以降用）

（住宅取得等資金の非課税の申告書は申告書第一表の二又は第一表の三と、相続時精算課税の申告は申告書第二表と、一緒に提出してください。）

I 暦年課税分

贈与者の住所・氏名（フリガナ） 申告者との続柄・生年月日	取得した財産の明細 種類／細目／所在場所等／数量／単価／固定資産税評価額／倍数	財産を取得した年月日 財産の価額
住所 フリガナ 続柄 氏名 生年月日 明・大・昭・平 年 月 日	円 円	平成 年 月 日
住所 フリガナ 続柄 氏名 生年月日 明・大・昭・平 年 月 日	円 円	平成 年 月 日
住所 フリガナ 続柄 氏名 生年月日 明・大・昭・平 年 月 日	円 円	平成 年 月 日

財産の価額の合計額（課税価格）	①	
配偶者控除額（右の事項に該当する場合は、□欄の中にレ印を記入します。）（贈与を受けた居住用不動産の価額及び贈与を受けた金額のうち居住用不動産の取得に充てた部分の金額の合計額）	②	（最高2,000万円）
基礎控除額	③	1100000
②及び③の控除後の課税価格（①－②－③）【1,000円未満切捨て】	④	000
④に対する税額（申告書第二表（裏面）の「贈与税の速算表」を使って計算します。）	⑤	
外国税額の控除額（外国にある財産の贈与を受けた場合で、外国の贈与税を課せられたときに記入します。）	⑥	
差引税額（⑤－⑥）	⑦	

II 相続時精算課税分

「暦年課税分」のみ申告される方は、⑧及び⑨の記入の必要はありません。なお、「相続時精算課税分」の申告をされる方は、第二表「平成 年分贈与税の申告書（相続時精算課税の計算明細書）」を作成してください。

特定贈与者ごとの課税価格の合計額（第二表「平成 年分贈与税の申告書（相続時精算課税の計算明細書）」の⑦の金額の合計額）	⑧	26100000
特定贈与者ごとの差引税額の合計額（第二表「平成 年分贈与税の申告書（相続時精算課税の計算明細書）」の⑪の金額の合計額）	⑨	220000

III 合計

課税価格の合計額（①+⑧）	⑩	26100000
差引税額の合計額（納付すべき税額）（⑦+⑨）【100円未満切捨て】	⑪	220000
農地等納税猶予税額（「農地等の贈与税の納税猶予税額の計算書」の⑨の金額）	⑫	
株式等納税猶予税額（「株式等納税猶予税額の計算書（贈与税）」の3の④の金額又は「株式等納税猶予税額の計算書（贈与税）（別表）」の2の②の金額）	⑬	
申告期限までに納付すべき税額（⑪－⑫－⑬）	⑭	220000
この申告書が修正申告書である場合	差引税額の合計額（納付すべき税額）の増加額（⑪－第三表「平成 年分贈与税の修正申告書（別表）」の⑩）	⑮	
	申告期限までに納付すべき税額の増加額（⑭－第三表「平成 年分贈与税の修正申告書（別表）」の⑭）	⑯	00

作成税理士の事務所所在地・署名押印・電話番号 ㊞

□ 税理士法第30条の書面提出有
□ 税理士法第33条の2の書面提出有

通信日付印 確認者 ㊞

（資5-10-1-1-A4統一）（平24.10）

平成25年分贈与税の申告書 (相続時精算課税の計算明細書) FD4732

提出用

受贈者の氏名　井上　花子

次の特例の適用を受ける場合には、□の中にレ印を記入してください。
□ 私は、租税特別措置法第70条の3第1項の規定による相続時精算課税選択の特例の適用を受けます。

(単位は円)

相続時精算課税分

特定贈与者の住所・氏名（フリガナ）申告者との続柄・生年月日	左の特定贈与者から取得した財産の明細	財産を取得した年月日　財産の価額

住所：東久留米市○○△丁目 ×番×号

種類：土地　細目：宅地　利用区分・銘柄等：自用地　数量：145.00m²　単価：180,000
所在場所等：西東京市○○△丁目 ×番×号

平成25年10月20日　26,100,000円

フリガナ　イノウエ　イチロウ
氏名　井上　一郎

続柄　父

生年月日　3年12月11日26日（明治1・大正2・昭和3・平成4）

財産の価額の合計額（課税価格）	⑰	26,100,000
過去の年分の申告において控除した特別控除額の合計額（最高2,500万円）	⑱	0
特別控除額の残額（2,500万円－⑱）	⑲	25,000,000
特別控除額（⑰の金額と⑲の金額のいずれか低い金額）	⑳	25,000,000
翌年以降に繰り越される特別控除額（2,500万円－⑱－⑳）	㉑	
⑳の控除後の課税価格（⑰－⑳）【1,000円未満切捨て】	㉒	1,100,000
㉒に対する税額（㉒×20%）	㉓	220,000
外国税額の控除額（外国にある財産の贈与を受けた場合で、外国の贈与税を課せられたときに記入します。）	㉔	
差引税額（㉓－㉔）	㉕	220,000

上記の特定贈与者からの贈与により取得した財産に係る過去の相続時精算課税分の贈与税の申告状況

申告した税務署名	控除を受けた年分	受贈者の住所及び氏名
署	平成　年分	
署	平成　年分	
署	平成　年分	
署	平成　年分	

(注) 上記の欄に記入しきれないときは、適宜の用紙に記載し提出してください。

○ 上記に記載された特定贈与者からの贈与について初めて相続時精算課税の適用を受ける場合には、申告書第一表及び第二表と一緒に「相続時精算課税選択届出書」を必ず提出してください。なお、同じ特定贈与者から翌年以降財産の贈与を受けた場合には、「相続時精算課税選択届出書」を改めて提出する必要はありません。

※ 税務署整理欄　整理番号□□□□□　名簿□□□□□　届出番号□□□□□-□□□□□　財産細目コード□□□□□　確認□

※印欄には記入しないでください。

(資5-10-2-1-A4統一) (平24.10)

第3章　贈与税の各種特例

143

相続時精算課税選択届出書

（平成21年分以降用）

税務署受付印

平成 26 年 2 月 27 日

東村山 税務署長

受贈者
住所又は居所：〒×××-×××× 電話（×××-×××-××××）
西東京市○○△丁目×番×号
フリガナ：イノウエ ハナコ
氏名（生年月日）：井上 花子 ㊞
（大・昭・平 43 年 1 月 5 日）
特定贈与者との続柄：長女

○「相続時精算課税選択届出書」は、必要な添付書類とともに**申告書第一表及び第二表**と一緒に提出してください。

私は、下記の特定贈与者から平成 25 年中に贈与を受けた財産については、相続税法第21条の9第1項の規定の適用を受けることとしましたので、下記の書類を添えて届け出ます。

記

1 特定贈与者に関する事項

住所又は居所	東久留米市○○△丁目×番×号
フリガナ	イノウエ イチロウ
氏 名	井上 一郎
生年月日	明・大・昭・平 12 年 11 月 26 日

2 年の途中で特定贈与者の推定相続人となった場合

推定相続人となった理由	
推定相続人となった年月日	平成　　年　　月　　日

3 添付書類

次の（1）～（4）の全ての書類が必要となります。
なお、いずれの添付書類も、贈与を受けた日以後に作成されたものを提出してください。
（書類の添付がなされているか確認の上、□に✓印を記入してください。）

(1) ☑ 受贈者の戸籍の謄本又は抄本その他の書類で、次の内容を証する書類
　① 受贈者の氏名、生年月日
　② 受贈者が特定贈与者の推定相続人であること

(2) ☑ 受贈者の戸籍の附票の写しその他の書類で、受贈者が20歳に達した時以後の住所又は居所を証する書類（受贈者の平成15年1月1日以後の住所又は居所を証する書類でも差し支えありません。）

(3) ☑ 特定贈与者の住民票の写しその他の書類で、特定贈与者の氏名、生年月日を証する書類

(4) ☑ 特定贈与者の戸籍の附票の写しその他の書類で、特定贈与者が65歳に達した時以後の住所又は居所を証する書類（特定贈与者の平成15年1月1日以後の住所又は居所を証する書類でも差し支えありません。）
　（注）1 租税特別措置法第70条の3（（特定の贈与者から住宅取得等資金の贈与を受けた場合の相続時精算課税の特例））の適用を受ける場合には「平成15年1月1日以後の住所又は居所を証する書類」となります。
　　　　2 (3)の書類として特定贈与者の住民票の写しを添付する場合で、特定贈与者が65歳に達した時以後（租税特別措置法第70条の3の適用を受ける場合を除きます。）又は平成15年1月1日以後、特定贈与者の住所に変更がないときは、(4)の書類の添付を要しません。

（注）この届出書の提出により、特定贈与者からの贈与については、特定贈与者に相続が開始するまで相続時精算課税の適用が継続されるとともに、その贈与を受ける財産の価額は、相続税の課税価格に加算されます（この届出書による相続時精算課税の選択は撤回することができません。）。

作成税理士	㊞	電話番号	

※税務署整理欄	届出番号	-	名簿		確認	

※印欄には記入しないでください。

（資5-42-A4統一）（平24.10）

（東京国税局HP）

平成24年分　住宅取得等資金の贈与税の非課税制度及び相続時精算課税選択の特例のチェックシート

「相続時精算課税選択の特例」　新築又は取得用　一面

このチェックシートは、平成24年中に贈与を受けた金銭に対して、「相続時精算課税選択の特例」を適用することができるかどうかについて主なチェック項目を示したものです。回答欄の左側のみに〇がある場合には、原則としてその特例の適用を受けることができます。
なお、このチェックシートは、<u>住宅用の家屋の新築又は取得をした人</u>を対象としています。

該当する回答を〇で囲んでください

〇「受贈者」に関する事項

1	あなたは、贈与を受けた時において贈与者の子である推定相続人（子が亡くなっているときには孫を含みます。）ですか。	は い	いいえ
2	あなたは、平成4年1月2日以前に生まれた人ですか。	は い	いいえ

〇「住宅用の家屋の新築又は取得」に関する事項

3	あなたの配偶者、親族など特別の関係がある人から住宅用の家屋の新築又は取得（その敷地の用に供されている土地等の取得を含みます。）をしたものですか。	いいえ	は い
4	平成25年3月15日までにあなたの居住の用に供する（供している）住宅用の家屋の新築又は取得（その敷地の用に供されている土地等の取得を含みます。）をし、贈与を受けた金銭の全額をその対価又は工事の費用に充てましたか。 また、平成25年3月15日までに住宅用の家屋の新築の工事が完了（その工事の完了に準ずる状態を含みます。）又は住宅用の家屋を取得していますか。 (注)　「工事の完了に準ずる状態」とは、屋根を有し、建造物として認められる時以後の状態をいいます。	は い	いいえ
5	新築又は取得をした住宅用の家屋は日本国内にあり、登記簿上の床面積（区分所有建物の場合はその専有部分の床面積）は <u>50 ㎡以上</u>で、かつ、その家屋の床面積の2分の1以上に相当する部分があなたの居住の用に供されるものですか。 (参考)　「住宅取得等資金の非課税」の適用を受ける場合には、適用対象となる家屋の床面積に上限（240 ㎡以下）がありますのでご注意ください。	は い	いいえ
6	【住宅用の家屋を「取得」した人のみ記入してください。】 取得した住宅用の家屋は、次のいずれかに該当しますか。 ① 建築後使用されたことのないもの ② 建築後使用されたことのあるもので、その取得の日以前20年以内（耐火建築物の場合は25年以内）に建築されたもの 　(注)　耐火建築物とは、鉄骨造、鉄筋コンクリート造又は鉄骨鉄筋コンクリート造などのものをいいます。 ③ 建築後使用されたことのあるもので、地震に対する安全性に係る基準に適合するものとして<u>二面</u>の「№.4・5・6」に掲げる書類により証明されたもの	は い	いいえ

〇「受贈者の居住」に関する事項

7	贈与を受けた時に、あなたの住所は日本国内にありましたか。 (注)　日本国内に住所を有しない人であっても、次のいずれにも該当する場合には、「はい」を〇で囲んでください。 　a　贈与を受けた時に、日本国籍を有していること。 　b　受贈者又は贈与者がその贈与前5年以内に日本国内に住所を有したことがあること。	は い	いいえ
8	既に新築又は取得をした住宅用の家屋に居住していますか。又は、平成25年12月31日までに遅滞なくその家屋に居住する見込みですか。	は い	いいえ

平成　　年　　月　　日
受贈者の住所：＿＿＿＿＿＿＿＿＿＿＿＿＿＿＿＿＿　　　フリガナ
　　　　　　　　　　　　　　　　　　　　　　　　　受贈者の氏名：＿＿＿＿＿＿＿＿

※　このチェックシートは、贈与税の申告書に添付して提出してください。

（東京国税局HP）

3 直系尊属から住宅取得等資金の贈与を受けた場合の贈与税の非課税

父母や祖父母など直系尊族から居住の用に供する住宅用の家屋の新築若しくは取得又は増改築等の対価に充てるための金銭を取得した場合には，一定の要件の下，贈与税が非課税になる特例である。

1 制度の概要

　最近の経済情勢を踏まえ，需要喚起に対する観点から直系尊属から住宅取得等資金の贈与を受けた場合の贈与税の非課税制度が平成21年に創設された。

　平成24年1月1日から平成26年12月31日までの間に，父母，祖父母などの直系尊属から自己の居住用住宅の新築，取得又は増改築等に充てるための金銭（以下「住宅取得等資金」という）の贈与を受けた場合には，一定の要件の下，次の限度額まで非課税となる（措法70の2）。

▼住宅取得等資金の贈与を受けた場合の非課税限度額

住宅の種類＼贈与年	平成24年	平成25年	平成26年
省エネ住宅	1,500万円	1,200万円	1,000万円
上記以外の住宅	1,000万円	700万円	500万円

　なお，「省エネ等住宅」とは，省エネ等基準（省エネルギー対策等級4相当以上であること，耐震等級2以上であること又は免震建築物であることをいう）に適合する住宅用の家屋であることにつき，住宅性能証明書，建設住宅性能評価書の写し，又は長期優良住宅認定通知書の写し及び認定長期優良住宅建築証明書などを，贈与税の申告書に添付することにより証明がされたものをいう。

▼省エネ等住宅の証明

証明書などの種類	証明対象の家屋
住宅性能証明書	① 新築をした住宅用の家屋 ② 建築後使用されたことのない住宅用の家屋 ③ 建築後使用されたことのある住宅用の家屋 ④ 増改築等をした住宅用の家屋
建設住宅性能評価書の写し	
長期優良住宅認定通知書の写し及び認定長期優良住宅建築証明書等	① 新築をした住宅用の家屋 ② 建築後使用されたことのない住宅用の家屋

2 要件

1 特定受贈者

受贈者(以下「特定受贈者」という)の要件は次のとおりである。

① 次のいずれかに該当する者であること
- 贈与を受けた時に日本国内に住所を有すること
- 贈与を受けた時に日本国内に住所を有しないものの日本国籍を有し,かつ,特定受贈者又は贈与者がその贈与前5年以内に日本国内に住所を有したことがあること

② 贈与を受けた時に贈与者の直系卑属であること
養子縁組している場合は養親の直系卑属となる。配偶者の父母祖父母からは直系卑属とならない。

③ 贈与を受けた年の1月1日において20歳以上であること
平成25年の贈与の場合平成5年1月2日以前に生まれた者が対象となる。

④ 贈与を受けた年の合計所得金額が2,000万円以下であること

2 住宅取得等資金の範囲

住宅取得等資金とは,受贈者が自己の居住の用に供する一定の家屋を新築若しくは取得又は自己の居住の用に供している家屋の一定の増改築等の対価に充

てるための金銭をいう。

なお，次のものも含まれる。
① その家屋の新築若しくは取得又は増改築等とともにするその家屋の敷地の用に供される土地等の取得
② 住宅用家屋の新築（住宅取得等資金の贈与を受けた日の属する年の翌年3月15日までに行われたものに限る）に先行してするその敷地の用に供される土地等の取得

3　対象となる住宅等

■　新築又は取得の場合の要件

次の要件を満たす日本国内にある家屋を新築又は取得した場合をいう（特定受贈者が居住の用に供する家屋が2以上ある場合は，主として居住の用に供すると認められる一の家屋に限る）（措令40の5）。

① 家屋の登記簿上の床面積が50㎡以上240㎡以下であること。マンション等の場合は専有部分の床面積による
② 建築後使用されたことのない住宅用の家屋
③ 建築後使用されたことのある住宅用家屋は次による
　・耐火建築物の場合はその取得の日以前25年以内に建築されたものであること
　・耐火建築物以外の場合はその取得の日以前20年以内に建築されたものであること

ただし，「耐震基準適合証明書」又は「住宅性能評価書の写し」により証明されたものについては，建築年数の制限はない。

④ その家屋の床面積の2分の1以上が専ら特定受贈者の居住の用に供されるものであること

■　増改築等の場合の要件

日本国内にある受贈者が自己の居住の用に供している家屋について行われる増改築等で次の要件を満たすものをいう。

① 増改築等の工事に要した費用が100万円以上であること（居住用部分の

工事費が全体の工事費の2分の1以上であること）
　②　増改築等後の家屋の床面積の2分の1以上に相当する部分が専ら特定受贈者の居住の用に供されること
　③　増改築等後の家屋の登記簿上の床面積が50㎡以上240㎡以下であること。マンション等の場合は専有部分の床面積による

4　取得及び居住
　①　贈与を受けた年の翌年3月15日までに，住宅取得等資金の全額を充当して特定受贈者の住宅用家屋の新築若しくは取得又は増改築をすること
　②　贈与を受けた年の翌年3月15日までにその家屋に居住すること。又は3月15日後遅滞なくその家屋に居住することが確実であること

5　適用除外
　特定受贈者の一定の親族など，次に掲げる者との請負契約等により新築若しくは増改築等をする場合又はこれらの者から取得する場合には，この特例の適用を受けることはできない（措法70の3③五，措令40の5⑤）。
　①　特定受贈者の配偶者及び直系血族
　②　特定受贈者の親族（①以外の者）で特定受贈者と生計を一にしているもの
　③　特定受贈者と内縁関係にある者及びその者の親族でその者と生計を一にしているもの
　④　①から③に掲げる者以外の者で受贈者から受ける金銭等によって生計を維持しているもの及びその者の親族でその者と生計を一にしているもの

3　計算

1　暦年課税の場合
　贈与税の基礎控除額110万円も同時に適用できるので，合計810万円（平成25年中に一般住宅の取得資金の贈与を受けた場合）を控除できる。

> 贈与税額＝（贈与を受けた金銭－非課税限度額（700万円）－ 基礎控除額（110万円））× 税率

2 相続時精算課税を選択した場合

相続時精算課税を選択した場合は，特別控除額2,500万円も同時に適用できるので，合計3,200万円（平成25年中に一般住宅の取得資金の贈与を受けた場合）を控除できる。

なお，住宅取得等資金の非課税制度の適用を受けた金額については，相続時に相続税の課税価格に含める必要はない。

> 贈与税額＝（贈与を受けた金銭－非課税限度額（700万円）－ 特別控除額（2,500万円）× 税率20％

4 贈与者が贈与した年中に死亡した場合

相続や遺贈によって財産を取得した者が，相続開始の年に財産の贈与を受けていた場合には，その贈与を受けた財産の価額は相続税の課税価格に加算される。

住宅取得等資金の贈与を受けた年にその贈与を行った者が死亡した場合，取得した金銭について住宅取得等資金の非課税制度の適用を受けるときは，相続税の課税価格に加算されない。ただし，贈与税の申告をする必要がある。

こんな場合は認められない?! 事例でチェック

Q 祖父から贈与を受けた資金を相続税精算課税の選択をした場合

祖父からの贈与について住宅取得等資金の非課税制度の適用を受ける際，相

続時精算課税を選択した。

A贈与者は直系尊属に限るので，受贈者の祖父母・曽祖父母からの贈与でも適用できるが，相続時精算課税の適用は父母からの贈与に限られる。相続時精算課税の特別控除枠と併用して適用する際は注意が必要である。

なお，平成25年度税制改正により，平成27年1月1日以後は祖父母からの贈与も相続時精算課税の対象となる予定である。

家屋の贈与を受けた場合

祖父から住宅用家屋及びその敷地の贈与を受けて住宅取得等資金の非課税制度の適用を受けた。

A贈与財産は金銭の贈与に限る。土地家屋等の贈与は非課税の対象とならない。

住宅用家屋の取得対価の範囲

甲は住宅取得等資金として1,000万円の贈与を受け，住宅用家屋の売買契約の手付金として支払った他，以下の支出にも充てた。それぞれ取得のための対価に充てたものとして特例の適用を受けられるか？

① 売買契約書の印紙代
② 不動産業者への仲介手数料
③ 登録免許税

Aこの特例は，贈与を受けた住宅取得等資金を「住宅用家屋の新築，取得又はそれらの敷地の取得のための対価に充てた場合」に適用を受けられ，新築であれば工事請負代金，取得であれば売買代金に充てた場合が該当するものと解される。

よって，①②③とも住宅用家屋の売買代金に充てられたものでないため，①②③に充てた部分については適用を受けられない。

贈与税申告書の記載例

Q 住宅取得等資金の非課税制度を適用し，相続時精算課税を選択する場合

　平成25年9月16日，山梨一郎（昭和50年5月22日生）は，父である山梨太郎（昭和23年12月12日生）から住宅取得資金として現金3,500万円の贈与を受け，省エネ住宅を取得した。山梨一郎は今回の贈与について相続時精算課税の適用を受けることとした。

A 贈与税の申告書（第一表），住宅取得等資金の非課税の計算明細書（第一表の二），相続時精算課税の計算明細書（第二表）は以下のように記載する。なお，東京国税局のHPには住宅取得等資金の非課税制度，及び相続時精算課税制度のチェックシートがあるので，活用するとよい。

平成25年分贈与税の申告書

甲府 税務署長
平成26年3月8日提出

提出用

〒×××-××××　電話 ×××-×××-××××
住所　甲府市○○△丁目×番×号
フリガナ　ヤマナシ イチロウ
氏名　山梨 一郎
生年月日　3 50 05 22　職業　会社員
明治1・大正2・昭和3・平成4

FD4723

税務署整理欄（記入しないでください。）

第一表（平成22年分以降用）（住宅取得等資金の非課税の申告は申告書第一表の二又は第一表の三と、相続時精算課税の申告は申告書第二表と、一緒に提出してください。）

単位は円

I 暦年課税分	財産の価額の合計額（課税価格）	①		
	配偶者控除額	②		
	基礎控除額	③	1 1 0 0 0 0 0 0	
	②及び③の控除後の課税価格（①-②-③）【1,000円未満切捨て】	④	0 0 0	
	④に対する税額	⑤		
	外国税額の控除額	⑥		
	差引税額（⑤-⑥）	⑦		
II 相続時精算課税分	特定贈与者ごとの課税価格の合計額	⑧	2 3 0 0 0 0 0 0	
	特定贈与者ごとの差引税額の合計額	⑨		
III 合計	課税価格の合計額（①+⑧）	⑩	2 3 0 0 0 0 0 0	
	差引税額の合計額（納付すべき税額）（⑦+⑨）【100円未満切捨て】	⑪	0 0	
	農地等納税猶予税額	⑫	0 0	
	株式等納税猶予税額	⑬	0 0	
	申告期限までに納付すべき税額（⑪-⑫-⑬）	⑭	0 0	
この申告書が修正申告書である場合	差引税額の合計額（納付すべき税額）の増加額	⑮	0 0	
	申告期限までに納付すべき税額の増加額	⑯	0 0	

第3章 贈与税の各種特例

153

平成24年分贈与税の申告書 (住宅取得等資金の非課税の計算明細書)

受贈者の氏名：山梨 一郎

次の住宅取得等資金の非課税の適用を受ける人は、□の中にレ印を記入してください。
☑ 私は、租税特別措置法第70条の2第1項の規定による住宅取得等資金の非課税の適用を受けます。(注1)

(単位は円)

贈与者の住所・氏名(フリガナ)・申告者との続柄・生年月日	取得した財産の所在場所等	住宅取得等資金を取得した年月日 / 住宅取得等資金の金額
住所 大月市○○△丁目×番×号 フリガナ ヤマナシ タロウ 氏名 山梨 太郎　続柄 父 生年月日 明・大・㊅・平 23年12月12日	大月市○○△丁目×番×号	平成 25年 09月 16日 3,500,000 平成　年　月　日

| 住宅取得等資金の合計額 | ㉖ | 3,500,000 |

贈与者の住所・氏名(フリガナ)・申告者との続柄・生年月日	取得した財産の所在場所等	住宅取得等資金を取得した年月日 / 住宅取得等資金の金額
住所 フリガナ　　　　続柄 氏名 生年月日 明・大・昭・平　年　月　日		平成　年　月　日 平成　年　月　日

| 住宅取得等資金の合計額 | ㉗ | |

非課税限度額 (1,500万円又は1,000万円)(注2)	㉘	12,000,000
㉖のうち非課税の適用を受ける金額	㉙	12,000,000
㉗のうち非課税の適用を受ける金額	㉚	
非課税の適用を受ける金額の合計額 (㉙+㉚) (㉘の金額を限度とします。)	㉛	12,000,000
㉖のうち課税価格に算入される金額 (㉖−㉙) (㉖に係る贈与者の「財産の価額」欄(申告書第一表又は第二表)にこの金額を転記します。)	㉜	23,000,000
㉗のうち課税価格に算入される金額 (㉗−㉚) (㉗に係る贈与者の「財産の価額」欄(申告書第一表又は第二表)にこの金額を転記します。)	㉝	

㉜又は㉝に金額の記載のある場合における申告書第一表又は第二表の贈与者又は特定贈与者の「住所・氏名(フリガナ)・申告者との続柄・生年月日」欄の記載は、㉜又は㉝の金額に係る贈与者又は特定贈与者の「氏名(フリガナ)」のみとして差し支えありません。

(注1) 住宅取得等資金の非課税の適用を受ける人で、平成24年分の所得税の確定申告書を提出した人は次の欄を記入し、提出していない人は合計所得金額を明らかにする書類を贈与税の申告書に添付する必要があります。

| 所得税の確定申告書を提出した年月日 | 26・2・26 | 提出した税務署 | 甲府 税務署 |

(注2) 新築若しくは取得又は増改築等をした住宅用の家屋が、一定の省エネルギー性又は耐震性を満たした住宅用の家屋(租税特別措置法施行令第40条の4の2第6項の規定により証明がされたものをいいます。)である場合は「1,500万円」と、それ以外の住宅用の家屋である場合は「1,000万円」となります。

> この申告書は平成24年分の書式を利用しているが、今後公表される平成25年分の申告書では「1,200万円又は700万円」と変更されると考えられる。

※印欄には記入しないでください。

平成25年分贈与税の申告書 (相続時精算課税の計算明細書) FD4732

受贈者の氏名 山梨 一郎

次の特例の適用を受ける場合には、□の中にレ印を記入してください。
☑ 私は、租税特別措置法第70条の3第1項の規定による相続時精算課税選択の特例の適用を受けます。

(単位は円)

相続時精算課税分

特定贈与者の住所・氏名(フリガナ)・申告者との続柄・生年月日

- 住所
- フリガナ ヤマナシ タロウ
- 氏名 山梨 太郎
- 続柄
- 生年月日 明治1、大正2、昭和3、平成4

左の特定贈与者から取得した財産の明細
- 種類：現金・預貯金等
- 細目：現金(住宅取得等資金)
- 申告書第一表の二のとおり

財産を取得した年月日 / 財産の価額
- 平成25年09月16日
- 23,000,000

特別控除額の計算

財産の価額の合計額（課税価格）	⑰	23,000,000
過去の年分の申告において控除した特別控除額の合計額（最高2,500万円）	⑱	
特別控除額の残額（2,500万円－⑱）	⑲	25,000,000
特別控除額（⑰の金額と⑲の金額のいずれか低い金額）	⑳	23,000,000
翌年以降に繰り越される特別控除額（2,500万円－⑱－⑳）	㉑	2,000,000

税額の計算

⑳の控除後の課税価格（⑰－⑳）【1,000円未満切捨て】	㉒	0
㉒に対する税額（㉒×20％）	㉓	0
外国税額の控除額（外国にある財産の贈与を受けた場合で、外国の贈与税を課せられたときに記入します。）	㉔	
差引税額（㉓－㉔）	㉕	0

上記の特定贈与者からの贈与により取得した財産に係る過去の相続時精算課税分の贈与税の申告状況

申告した税務署名	控除を受けた年分	受贈者の住所及び氏名（「相続時精算課税選択届出書」に記載した住所・氏名と異なる場合にのみ記入します。）
署	平成 年分	
署	平成 年分	
署	平成 年分	
署	平成 年分	

(注) 上記の欄に記入しきれないときは、適宜の用紙に記載し提出してください。

甲府

○ 上記に記載された特定贈与者からの贈与について初めて相続時精算課税の適用を受ける場合には、申告書第一表及び第二表と一緒に「相続時精算課税選択届出書」を必ず提出してください。なお、同じ特定贈与者から翌年以降財産の贈与を受けた場合には、「相続時精算課税選択届出書」を改めて提出する必要はありません。

※ 税務署整理欄　整理番号　　名簿　　届出番号　　　－
　　　　　　　　財産細目コード　　確認

※印欄には記入しないでください。

(資5-10-2-1-A4統一)(平24.10)

第二表（平成22年分以降用）（第二表は、必要な添付書類とともに申告書第一表と一緒に提出してください。）

第3章　贈与税の各種特例

相続時精算課税選択届出書

（平成21年分以降用）

税務署受付印

平成 26 年 3 月 8 日

甲府 税務署長

受贈者
- 住所又は居所：〒×××-×××× 電話（×××-×××-××××） 甲府市○○△丁目×番×号
- フリガナ：ヤマナシ　イチロウ
- 氏名：山梨　一郎 ㊞
- 生年月日：（大・昭・平）50 年 5 月 22 日
- 特定贈与者との続柄：長男

私は、下記の特定贈与者から平成 25 年中に贈与を受けた財産については、相続税法第21条の9第1項の規定の適用を受けることとしましたので、下記の書類を添えて届け出ます。

記

1　特定贈与者に関する事項

住所又は居所	大月市○○△丁目×番×号
フリガナ	ヤマナシ　タロウ
氏名	山梨　太郎
生年月日	明・大・昭・平　23 年 12 月 12 日

2　年の途中で特定贈与者の推定相続人となった場合

推定相続人となった理由	
推定相続人となった年月日	平成　年　月　日

3　添付書類

次の(1)〜(4)の全ての書類が必要となります。
なお、いずれの添付書類も、贈与を受けた日以後に作成されたものを提出してください。
（書類の添付がなされているか確認の上、□に✓印を記入してください。）

(1) ☑ 受贈者の戸籍の謄本又は抄本その他の書類で、次の内容を証する書類
　　① 受贈者の氏名、生年月日
　　② 受贈者が特定贈与者の推定相続人であること

(2) ☑ 受贈者の戸籍の附票の写しその他の書類で、受贈者が 20 歳に達した時以後の住所又は居所を証する書類（受贈者の平成 15 年 1 月 1 日以後の住所又は居所を証する書類でも差し支えありません。）

(3) ☑ 特定贈与者の住民票の写しその他の書類で、特定贈与者の氏名、生年月日を証する書類

(4) ☑ 特定贈与者の戸籍の附票の写しその他の書類で、特定贈与者が 65 歳に達した時以後の住所又は居所を証する書類（特定贈与者の平成 15 年 1 月 1 日以後の住所又は居所を証する書類でも差し支えありません。）
　　（注）1　租税特別措置法第 70 条の 3（（特定の贈与者から住宅取得等資金の贈与を受けた場合の相続時精算課税の特例））の適用を受ける場合には「平成 15 年 1 月 1 日以後の住所又は居所を証する書類」となります。
　　　　2　(3)の書類として特定贈与者の住民票の写しを添付する場合で、特定贈与者が 65 歳に達した時以後（租税特別措置法第 70 条の 3 の適用を受ける場合を除きます。）又は平成 15 年 1 月 1 日以後、特定贈与者の住所に変更がないときは、(4)の書類の添付を要しません。

（注）この届出書の提出により、特定贈与者からの贈与については、特定贈与者に相続が開始するまで相続時精算課税の適用が継続されるとともに、その贈与を受ける財産の価額は、相続税の課税価格に加算されます（この届出書による相続時精算課税の選択は撤回することができません。）。

作成税理士	㊞	電話番号	

※税務署整理欄　届出番号　—　名簿　　確認
※印欄には記入しないでください。

（資5-42-A4統一）（平24.10）

○「相続時精算課税選択届出書」は、必要な添付書類とともに申告書第一表及び第二表と一緒に提出してください

平成24年分　住宅取得等資金の贈与税の非課税制度及び相続時精算課税選択の特例のチェックシート

「住宅取得等資金の非課税制度」　　新築又は取得用　　一面

　このチェックシートは、平成24年中に贈与を受けた金銭に対して、「住宅取得等資金の非課税」を適用することができるかどうかについて主なチェック項目を示したものです。回答欄の左側のみに○がある場合（「11」のチェック項目は除きます。）には、原則としてこの特例の適用を受けることができます。
　なお、このチェックシートは、住宅用の家屋の新築又は取得をした人を対象としています。

○「受贈者」に関する事項　　　　　　　　　　　　　該当する回答を○で囲んでください

1	あなたは、贈与を受けた時において贈与者の子、孫（直系卑属）ですか。	は い	いいえ
2	あなたは、平成4年1月2日以前に生まれた人ですか。	は い	いいえ
3	あなたの、平成24年分の所得税に係る合計所得金額は、2,000万円以下ですか。	は い	いいえ
4	あなたは、平成21年分から平成23年分までの贈与税の申告で「住宅取得等資金の非課税」又は「震災に係る住宅取得等資金の非課税」の適用を受けたことがありますか。 （注）　平成23年分の贈与税の申告で「震災に係る住宅取得等資金の非課税」の適用を受けたことがある人は、その非課税限度額（1,000万円）からその適用を受けた金額を控除した残額について「震災に係る住宅取得等資金の非課税」の適用を受けられる場合があります。	いいえ	は い

○「住宅用の家屋の新築又は取得」に関する事項

5	あなたの配偶者、親族など特別の関係がある人から住宅用の家屋の新築又は取得（その敷地の用に供されている土地等の取得を含みます。）をしたものですか。	いいえ	は い
6	平成25年3月15日までにあなたの居住の用に供する（供している）住宅用の家屋の新築又は取得（その敷地の用に供されている土地等の取得を含みます。）をし、贈与を受けた金銭の全額をその対価又は工事の費用に充てましたか。 また、平成25年3月15日までに住宅用の家屋の新築の工事が完了（その工事の完了に準ずる状態を含みます。）又は住宅用の家屋を取得していますか。 （注）　「工事の完了に準ずる状態」とは、屋根を有し、建造物として認められる時以後の状態をいいます。	は い	いいえ
7	新築又は取得をした住宅用の家屋は日本国内にあり、登記簿上の床面積（区分所有建物の場合はその専有部分の床面積）は50㎡以上240㎡以下で、かつ、その家屋の床面積の2分の1以上に相当する部分があなたの居住の用に供されるものですか。	は い	いいえ
8	【住宅用の家屋を「取得」した人のみ記入してください。】 取得した住宅用の家屋は、次のいずれかに該当するものですか。 ①　建築後使用されたことのないもの ②　建築後使用されたことのあるもので、その取得の日以前20年以内（耐火建築物の場合は25年以内）に建築されたもの （注）　耐火建築物とは、鉄骨造、鉄筋コンクリート造又は鉄骨鉄筋コンクリート造などのものをいいます。 ③　建築後使用されたことのあるもので、地震に対する安全性に係る基準に適合するものとして二面の「No.6・7・8」に掲げる書類により証明されたもの	は い	いいえ

○「受贈者の居住」に関する事項

9	贈与を受けた時に、あなたの生所は日本国内にありましたか。 （注）　日本国内に住所を有しない人であっても、次のいずれにも該当する場合には、「はい」を○で囲んでください。 　a　贈与を受けた時に、日本国籍を有していること。 　b　受贈者又は贈与者がその贈与前5年以内に日本国内に住所を有したことがあること。	は い	いいえ
10	既に新築又は取得をした住宅用の家屋に居住していますか。又は、平成25年12月31日までに遅滞なくその家屋に居住する見込みですか。	は い	いいえ

○「非課税限度額」に関する事項

11	あなたが新築又は取得をした住宅用の家屋は、一定の省エネルギー性又は耐震性を満たす住宅用の家屋であることにつき、二面の「No.11」に掲げる書類により証明されたものですか。 【非課税限度額は、「はい」を○で囲んだ人は1,500万円、「いいえ」を○で囲んだ人は1,000万円です。】	【非課税限度額】 はい ⇒ 1,500万円 いいえ⇒1,000万円

平成　　年　　月　　日
　　　　　　　　　　　　　　　　　　　　フリガナ
受贈者の住所：＿＿＿＿＿＿＿＿＿＿　　受贈者の氏名：＿＿＿＿＿＿＿

※　このチェックシートは、贈与税の申告書に添付して提出してください。

（東京国税局HP）

第3章　贈与税の各種特例

平成 24 年分　住宅取得等資金の贈与税の非課税制度及び相続時精算課税選択の特例のチェックシート

「住宅取得等資金の非課税制度」の添付書類一覧　　新築又は取得用　　二面

この添付書類一覧は、平成 24 年中に贈与を受けた金銭に対して、「住宅取得等資金の非課税」の適用を受けるための添付書類等を確認する際に使用してください（「No.」は、一面の番号に対応しています。）。
なお、この添付書類一覧は、住宅用の家屋の新築又は取得をした人を対象としています。

○「受贈者」に関する事項

No.	添　付　書　類　等	チェック欄
1・2	○ 受贈者の戸籍の謄本などで、次の内容を証する書類 ① 受贈者の氏名、生年月日 ② 贈与者が受贈者の直系尊属に該当すること	□
3	○ 源泉徴収票など平成 24 年分の所得税に係る合計所得金額を明らかにする書類（所得税の確定申告書を提出した人は、その提出した年月日及び税務署名を「申告書第一表の二」に記入することにより、別途「合計所得金額を明らかにする書類」を提出する必要はありません。）	□
4	平成 21 年分から平成 23 年分までの贈与税の申告書の控えなどで確認してください。 (注) 添付書類として提出する必要はありません。	□

○「住宅用の家屋の新築又は取得」に関する事項

No.	添付書類等	チェック欄
5	○ 住宅用の家屋に係る工事の請負契約書や売買契約書など新築又は取得（その敷地の用に供されている土地等の取得を含みます。）をした相手方を明らかにする書類 (注) 上記の内容が登記事項証明書で明らかになる場合は、登記事項証明書で差し支えありません。	□
6・7・8	【平成 25 年 3 月 15 日までに新築の工事が完了又は取得している場合】 ○ 登記事項証明書 (注)1 取得をした建築後使用されたことのある住宅用の家屋で、登記事項証明書によって床面積及び築年数が明らかでないときには、それらを明らかにする書類も必要です。 2 贈与を受けた住宅用の家屋の新築又は取得のための金銭により、その新築又は取得をした住宅用の家屋の敷地の用に供されている土地等を取得したときには、その「土地等に関する登記事項証明書」も併せて提出してください。 ○ 耐震基準適合証明書又は住宅性能評価書の写し（取得した家屋が、一面の「8」の③のみに該当する場合に必要となります。） (注) その家屋の取得前 2 年以内にその証明のための家屋の調査が終了したもの又は評価されたものに限ります。	【平成 25 年 3 月 15 日までに新築の工事が完了に準ずる状態の場合】 ○ 新築に係る工事の請負契約書などでその家屋が住宅用の家屋に該当すること及び床面積を明らかにする書類又はその写し ○ 新築に係る工事を請け負った建設業者などのその住宅用の家屋が工事の完了に準ずる状態にあることを証する書類（工事の完了予定年月の記載があるものに限ります。） ○ 新築をした住宅用の家屋を居住の用に供したときは遅滞なく左記に掲げる書類を所轄税務署長に提出することを約する書類	□

○「受贈者の居住」に関する事項

No.	添付書類等	チェック欄
9・10	【平成 25 年 3 月 15 日までに居住した人】 ○ 受贈者の住民票の写し (注) 新築又は取得をした住宅用の家屋に居住した日以後に作成されたもので、その住宅用の家屋の所在場所が本人の住所として記載されているものに限ります。	【平成 25 年 3 月 15 日までに居住していない人】 ○ 住宅用の家屋の新築又は取得後直ちに居住の用に供することができない事情及び居住の用に供する予定時期を記載した書類 ○ 新築又は取得をした住宅用の家屋を遅滞なく居住の用に供すること及び居住の用に供したときには遅滞なく左記の書類を所轄税務署長に提出することを約する書類	□

○「非課税限度額」に関する事項

【一面の「11」の「はい」を○で囲んだ人のみチェックしてください。】

No.	添付書類等	チェック欄
11	【平成 25 年 3 月 15 日までに新築の工事が完了又は取得している場合】 次に掲げるいずれかの書類 ① 住宅性能証明書 ② 建設住宅性能評価書の写し ③ 長期優良住宅建築等計画の認定通知書の写し及び住宅家屋証明書若しくはその写し又は認定長期優良住宅建築証明書 (注) ①及び②は、取得の場合は、その家屋の取得前 2 年以内又は取得の日以降にその証明のための家屋の調査が終了したもの又は評価されたものに限ります。	【平成 25 年 3 月 15 日までに新築の工事が完了に準ずる状態の場合】 ○ 新築をした住宅用の家屋の工事が完了したときは遅滞なく左記に掲げる書類を所轄税務署長に提出することを約する書類	□

（東京国税局HP）

平成24年分　住宅取得等資金の贈与税の非課税制度及び相続時精算課税選択の特例のチェックシート

「相続時精算課税選択の特例」　**新築又は取得用**　一面

　このチェックシートは、平成24年中に贈与を受けた金銭に対して、「相続時精算課税選択の特例」を適用することができるかどうかについて主なチェック項目を示したものです。回答欄の左側のみに○がある場合には、原則としてその特例の適用を受けることができます。
　なお、このチェックシートは、<u>住宅用の家屋の新築又は取得をした人</u>を対象としています。

該当する回答を○で囲んでください

○「受贈者」に関する事項

1	あなたは、贈与を受けた時において贈与者の子である推定相続人（子が亡くなっているときには孫を含みます。）ですか。	はい	いいえ
2	あなたは、平成4年1月2日以前に生まれた人ですか。	はい	いいえ

○「住宅用の家屋の新築又は取得」に関する事項

3	あなたの配偶者、親族など特別の関係がある人から住宅用の家屋の新築又は取得（その敷地の用に供されている土地等の取得を含みます。）をしたものですか。	いいえ	はい
4	平成25年3月15日までにあなたの居住の用に供する（供している）住宅用の家屋の新築又は取得（その敷地の用に供されている土地等の取得を含みます。）をし、贈与を受けた金銭の全額をその対価又は工事の費用に充てましたか。 また、平成25年3月15日までに住宅用の家屋の新築の工事が完了（その工事の完了に準ずる状態を含みます。）又は住宅用の家屋を取得していますか。 (注)　「工事の完了に準ずる状態」とは、屋根を有し、建造物として認められる時以後の状態をいいます。	はい	いいえ
5	新築又は取得をした住宅用の家屋は日本国内にあり、登記簿上の床面積（区分所有建物の場合はその専有部分の床面積）は<u>50㎡以上</u>で、かつ、その家屋の床面積の2分の1以上に相当する部分があなたの居住の用に供されるものですか。 (参考)　「住宅取得等資金の非課税」の適用を受ける場合には、適用対象となる家屋の床面積に上限（240㎡以下）がありますのでご注意ください。	はい	いいえ
6	【住宅用の家屋を「取得」した人のみ記入してください。】 取得した住宅用の家屋は、次のいずれかに該当しますか。 ①　建築後使用されたことのないもの ②　建築後使用されたことのあるもので、その取得の日以前20年以内（耐火建築物の場合は25年以内）に建築されたもの 　(注)　耐火建築物とは、鉄骨造、鉄筋コンクリート造又は鉄骨鉄筋コンクリート造などのものをいいます。 ③　建築後使用されたことのあるもので、地震に対する安全性に係る基準に適合するものとして<u>二面</u>の「No.4・5・6」に掲げる書類により証明されたもの	はい	いいえ

○「受贈者の居住」に関する事項

7	贈与を受けた時に、あなたの住所は日本国内にありましたか。 (注)　日本国内に住所を有しない人であっても、次のいずれにも該当する場合には、「はい」を○で囲んでください。 　a　贈与を受けた時に、日本国籍を有していること。 　b　受贈者又は贈与者がその贈与前5年以内に日本国内に住所を有したことがあること。	はい	いいえ
8	既に新築又は取得をした住宅用の家屋に居住していますか。又は、平成25年12月31日までに遅滞なくその家屋に居住する見込みですか。	はい	いいえ

平成　　年　　月　　日
受贈者の住所：＿＿＿＿＿＿＿＿＿＿＿＿＿＿＿＿　フリガナ
　　　　　　　　　　　　　　　　　　　　　　　　受贈者の氏名：＿＿＿＿＿＿＿＿

第3章　贈与税の各種特例

（東京国税局HP）

「相続時精算課税選択の特例」の添付書類一覧　　新築又は取得用　二面

　この添付書類一覧は、平成24年中に贈与を受けた金銭に対して、「相続時精算課税選択の特例」の適用を受けるための添付書類等を確認する際に使用してください（「No.1～8」は一面の番号に対応しています。）。
　なお、この添付書類一覧は、住宅用の家屋の新築又は取得をした人を対象としています。

○「受贈者」に関する事項

No.	添 付 書 類 等	チェック欄
1・2	○ 受贈者の戸籍の謄本又は抄本などで、次の内容を証する書類 ① 受贈者の氏名、生年月日 ② 受贈者が贈与者の推定相続人であること	□

○「住宅用の家屋の新築又は取得」に関する事項

No.	添 付 書 類 等	チェック欄
3	○ 住宅用の家屋に係る工事の請負契約書や売買契約書など新築又は取得（その敷地の用に供されている土地等の取得を含みます。）をした相手方を明らかにする書類 （注）上記の内容が登記事項証明書で明らかになる場合は、登記事項証明書で差し支えありません。	□
4・5・6	【平成25年3月15日までに新築の工事が完了又は取得している場合】 ○ 登記事項証明書 （注）1 取得をした建築後使用されたことのある住宅用の家屋で、登記事項証明書によって床面積及び築年数が明らかでないときには、それらを明らかにする書類も必要です。 2 贈与を受けた住宅用の家屋の新築又は取得のための金銭により、その新築又は取得をした住宅用の家屋の敷地の用に供されている土地等を取得したときには、その「土地等に関する登記事項証明書」も併せて提出してください。 ○ 耐震基準適合証明書又は住宅性能評価書の写し（取得した家屋が、一面の「6」の③のみに該当する場合に必要となります。） （注）その家屋の取得前2年以内にその証明のための家屋の調査が終了したもの又は評価されたものに限ります。　　　【平成25年3月15日までに新築の工事が完了に準ずる状態の場合】 ○ 新築に係る工事の請負契約書などでその家屋が住宅用の家屋に該当すること及び床面積を明らかにする書類又はその写し ○ 新築に係る工事を請け負った建設業者などの住宅用の家屋が工事の完了に準ずる状態にあることを証する書類（工事の完了予定年月の記載があるものに限ります。） ○ 新築をした住宅用の家屋を居住の用に供したときは遅滞なく左記に掲げる書類を所轄税務署長に提出することを約する書類	□

○「受贈者の居住」に関する事項

No.	添 付 書 類 等	チェック欄
7・8	【平成25年3月15日までに居住した人】 ○ 受贈者の住民票の写し （注）新築又は取得をした住宅用の家屋に居住した日以後に作成されたもので、その住宅用の家屋の所在場所が本人の住所として記載されているものに限ります。　　　【平成25年3月15日までに居住していない人】 ○ 住宅用の家屋の新築又は取得後直ちに居住の用に供することができない事情及び居住の用に供する予定時期を記載した書類 ○ 新築又は取得をした住宅用の家屋を遅滞なく居住の用に供すること及び居住の用に供したときには遅滞なく左記の書類を所轄税務署長に提出することを約する書類	□

◎ その他に必要な添付書類

No.	添 付 書 類 等	チェック欄
9	○ 相続時精算課税選択届出書	□
10	○ 受贈者の戸籍の附票の写しなどで、受贈者が20歳に達した時以後又は受贈者の平成15年1月1日以後の住所又は居所を証する書類	□
11	○ 贈与者の住民票の写しなどで、贈与者の氏名、生年月日を証する書類	□
12	○ 贈与者の戸籍の附票の写しなどで贈与者の平成15年1月1日以後の住所又は居所を証する書類 （注）贈与者の住民票の写しを添付する場合で、平成15年1月1日以後、贈与者の住所に変更がないときは、贈与者の戸籍の附票の写しなどを提出する必要はありません。	□

（東京国税局HP）

4 東日本大震災に係る住宅取得等資金の贈与税の非課税

東日本大震災による被害を受けた方々に対する復興支援税制として住宅等を取得するために父母祖父母等直系尊属から贈与を受けた場合は，一定の条件の下非課税枠がある。

1 制度の概要

この特例の対象者は東日本大震災及び福島第一原子力発電所の事故の被災者であり，復興支援の一環として住宅取得等の場合の資金の贈与に対して非課税枠を設けた。

受贈者ごとの非課税限度額は次のとおりである。

住宅の種類	非課税限度額
省エネ住宅等	1,500万円
上記以外の住宅	1,000万円

2 対象者

この特例の対象者は次のとおりである。

① 震災により滅失した家屋に居住していた若しくは居住しようとしていた人が，平成23年3月11日から平成26年12月31日までに父母や祖父母など直系尊属から住宅取得等資金の贈与を受けた場合
② 警戒区域設定指示等が行われた日においてその警戒区域設定指示等の対象区域内に所在していた人が，警戒区域設定指示等が行われた日からそれが解除された日以後3ヵ月を経過する日までの間に父母や祖父母など直系尊属から住宅取得等資金の贈与を受けた場合

「警戒区域設定指示等の対象区域」とは，東北地方太平洋沖地震に伴う原子力発電所の事故に関して，警戒区域，避難指示区域又は計画的避難区域として指示がされていた又はされている区域をいう。

3 要件等

この特例の対象となる住宅等の要件等については「**3** 直系尊属から住宅取得等資金の贈与を受けた場合の贈与税の非課税」を参照する。

5 教育資金の一括贈与に係る贈与税の非課税

扶養義務者相互で生活費や教育費に充てるための贈与は非課税であるが，高齢者の保有する資産を若年世代での早期活用と，孫等に対する教育資金を一括贈与することによる教育費の安定を狙って平成25年度税制改正により創設された制度である。

1 制度の概要

　扶養義務者相互間において生活費又は教育費に充てるために贈与により取得した財産のうち通常必要と認められるものは贈与税が非課税である（相法21の3①二）。ただし，教育資金として過分な贈与を受けたことで費消しきれず預金した場合や株式を購入して運用する等の場合は，通常必要と認められるもの以外の物として取扱われ，贈与税の対象となる（相基通21の3-5）。

　資金に余裕のある直系尊属から必要な資金を必要に応じて贈与を受けた場合，その直系尊属の相続開始により教育資金の贈与が途絶えることとなる。このような不都合を解消する目的で教育資金用に1,500万円まで金融機関に信託したものについて，それが教育費に使われた場合には一括して贈与した場合でも非課税になる制度を創設された。

　平成25年4月1日から平成27年12月31日までの間に教育資金として拠出されるものに限り適用される。

2 贈与者及び受贈者の要件

1 贈与者の要件
① 受贈者の直系尊属であること
② 教育資金に充てるために金銭等を拠出したこと

2 受贈者の要件
① 贈与者の直系卑属であること
② 30歳未満の者に限ること

3 教育資金の要件

1 資金の目的
① 教育資金に充てるための資金の贈与であること
② 教育資金とは，文部科学大臣が定める次の金銭のことをいう
- 学校等に支払われる入学金その他の金銭
- 学校等以外の者に支払われる金銭のうち一定のもの

2 預入先
① 信託銀行を含む信託会社等金融機関
② 銀行
③ 金融商品取引業者（第一種金融商品取引業を行う者に限る）

3 非課税限度額
① 受贈者一人につき1,500万円が限度
② 学校等以外の者に支払われる金銭については，500万円が限度

4 特例適用期間
　平成25年4月1日から平成27年12月31日までの間に信託等の方法により教育資金を取得又は預入をした場合

4 申告等の方法

1 教育資金の設定
　教育資金の贈与は，下記の方法により設定管理された場合に限り認められる。最長30年にわたる教育資金の管理となるためである。
　① 受贈者の直系尊属と信託会社との間の教育資金管理契約に基づき信託受益権を取得した場合
　② その直系尊属からの書面による贈与により取得した金銭を教育資金管理契約に基づき銀行等の営業所等において，預金若しくは貯金として預入をした場合
　③ 教育資金管理契約に基づきその直系尊属からの書面による贈与により取得した金銭若しくはこれに類するもので，金融商品取引業者の営業所等において有価証券を購入した場合

2 申告の方法
　受贈者は，特例の適用を受ける旨等を記載した教育資金非課税申告書を金融機関の営業所等を経由して，信託等がされる日までに受贈者の納税地の税務署長に提出する。

3 教育資金の払い出しの手続
　① 受贈者は，払い出した資金が教育資金の支払いに充当したことを証する書類（領収書等）を金融機関に提出する
　② 金融機関は，払い出された金銭が教育資金に充当されたことを提出された書類で確認し，その確認した金額及び年月日を記録する
　③ 金融機関は提出された書類及び確認した金額をその教育資金管理契約が終了した日の属する年の翌年3月15日後6年を経過する日まで一定の方法により保存しなければならない

4 終了時の手続
■ 受贈者が30歳に達した場合
　① 金融機関は特例の適用を受けている金銭等の合計金額（以下「非課税拠

出額」という）及び契約期間中に教育資金として払い出した金額の合計金額（学校等以外の者に支払われた金銭のうち500万円を超える部分を除く。以下「教育資金支出額」という）その他の事項を記載した調書を受贈者の納税地の所轄税務署長に提出しなければならない
② 非課税拠出額から教育資金支出額を控除した残額については，受贈者が30歳に達した日に贈与があったものとして，贈与税が課税される

■ 受贈者が死亡した場合
① 金融機関が，受贈者が死亡したことを把握した場合は，その旨を記載した調書を受贈者の納税地の所轄税務署長に提出しなければならない
② 非課税拠出額から教育資金拠出額を控除した残額については，贈与税は課税されない

■ 信託財産の価額がゼロになった場合等
　教育資金管理契約に係る信託財産の価額がゼロになった場合等に受贈者と取扱金融機関との間でこれらの教育資金管理契約を終了させる合意があった場合にはその合意に基づき終了する日に終了する。

5　贈与税の課税
■ 教育資金管理契約が終了した場合
　受贈者が30歳に達したか信託財産の価額がゼロになった場合等に該当し，教育資金管理契約が終了した場合，信託等されていた金額の合計額から教育資金の支払いに充てられた金額の合計額を控除して残額があるときは，その残額は3①又は②に定める日の属する年分の贈与税の課税価額に算入される。

■ 受贈者が死亡した場合
　受贈者が死亡した場合は，贈与税の課税価額に算入されない。

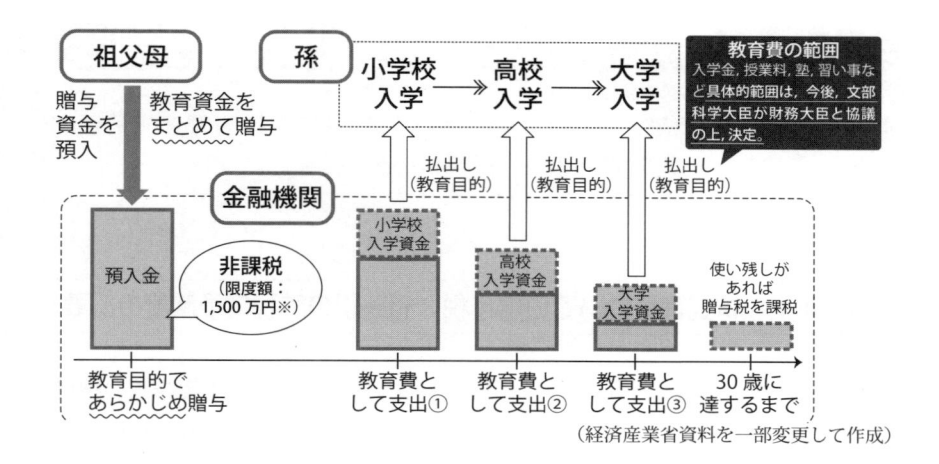

(経済産業省資料を一部変更して作成)

5 活用のポイント

　現行制度でも祖父母からの教育資金の贈与は非課税であるが，長年にわたる教育期間に対してまとまった資金を贈与することにより，安定した教育資金を確保することができる。金融機関に対して信託する形式をとるため，贈与者が死亡した場合でも教育資金を確保できることのメリットは非常に大きい。

　また，直系卑属に対する贈与であるため，孫，ひ孫が含まれる。受贈者一人当たり1,500万円まで非課税であるため，例えば祖父が10人の孫，ひ孫に各自に1,500万円ずつ贈与をする場合，1億5,000万円の財産の減少となるため，相続税対策としての活用効果は非常に大きい。

　なお，平成25年4月1日から平成27年12月31日までに信託等の設定がされた場合に適用されることに留意する。

6 非上場株式等についての贈与税の納税猶予制度

中小企業の事業承継において，相続税・贈与税の負担を軽減する目的で創設された。一定の要件の下，贈与税の納税が猶予される。

1 非上場株式等についての贈与税・相続税の納税猶予制度の概要

　平成21年度の税制改正により，相続税・贈与税における非上場株式の納税猶予制度が創設された。後継者が認定中小企業の先代経営者から株式の贈与を受けた場合に納税を猶予する制度である（措法70の7）。

　中小企業における事業承継を円滑に行うための制度の一環として創設されたもので，「中小企業における経営の承継の円滑化に関する法律」を受けている。

　相続税についても納税猶予制度があるが基本的な枠組みは相続税・贈与税ともに同様である。高額な贈与税の納税が猶予されることとなるため，適用要件が非常に厳しくなっている。そのため活用が低調であるとの批判を受け平成25年税制改正により，適用要件が緩和されることとなった。

2 事業承継税制の全体像

　贈与税の納税猶予制度とは，受贈者（後継者）が贈与により取得した株式等に係る贈与税の100％の納税が猶予される制度であるが，対象となる株式等は贈与前から後継者が保有していた株式等を含めて，総株主等議決権数の3分の2までとされている。

　納税猶予制度の大まかな流れとしては，次のとおりである。

① 贈与前に計画的な承継に係る取組について経済産業大臣の確認を受ける
　ただし，平成25年度税制改正により事前確認制度は廃止される（**11**参照）。
② 贈与者・受贈者・会社について一定の要件を満たした上で株式等の贈与をする
③ 一定の要件を満たすことについて経済産業大臣の認定を受ける
④ 所轄税務署に贈与税の申告をする

　納税猶予制度の適用を受けた場合，贈与時には一定の株式等に係る贈与税の納税が猶予されるが，あくまで「猶予」であるため継続して一定の要件を満たす必要があり，要件を満たさなくなった時点で猶予を受けた贈与税を納めなければならない。

　贈与者に相続が発生するまで一定の要件を継続して満たした場合は，猶予された贈与税は免除されるが，その株式等を相続により取得したものとして相続税が課税される。この際，要件を満たしていれば相続税の納税猶予制度の適用を受けることもできる。

[図：事業承継税制の概要（経営者1代目～3代目の納税猶予と免除の流れ）]

経営者1代目：生前贈与 → 大臣認定 → ①贈与税の課税／1代目経営者の死亡 → 大臣の切替確認 → ①贈与税の猶予税額の免除（贈与者の死亡等が要件。）＋②相続税の課税

贈与者である1代目経営者の存命中に2代目経営者から3代目経営者へ生前贈与を行った場合には，2代目経営者の贈与税は免除されません。

経営者2代目：②贈与税の納税猶予の適用　雇用確保を含む5年間の事業継続を行い，その後も株式を継続保有等※

※　当該5年間の満了前に1代目経営者が死亡した場合には，切替確認後においても残り期間の事業継続が必要。

③相続税の納税猶予の適用
① 贈与税の猶予税額を免除
② 1代目から2代目に相続があったものとみなして相続税を課税
③ ②で課税された相続税の80％を納税猶予

新たに5年間の事業継続は課されないが，株式の継続保有等の要件を満たすことが必要。

生前贈与 → 大臣認定

経営者3代目：①相続税の猶予税額の免除（後継者が「贈与税の納税猶予の適用」を受けること等が要件。）　②贈与税の課税　③贈与税の納税猶予の適用　雇用確保を含む5年間の事業継続を行い，その後も株式を継続保有等

（中小企業庁資料）

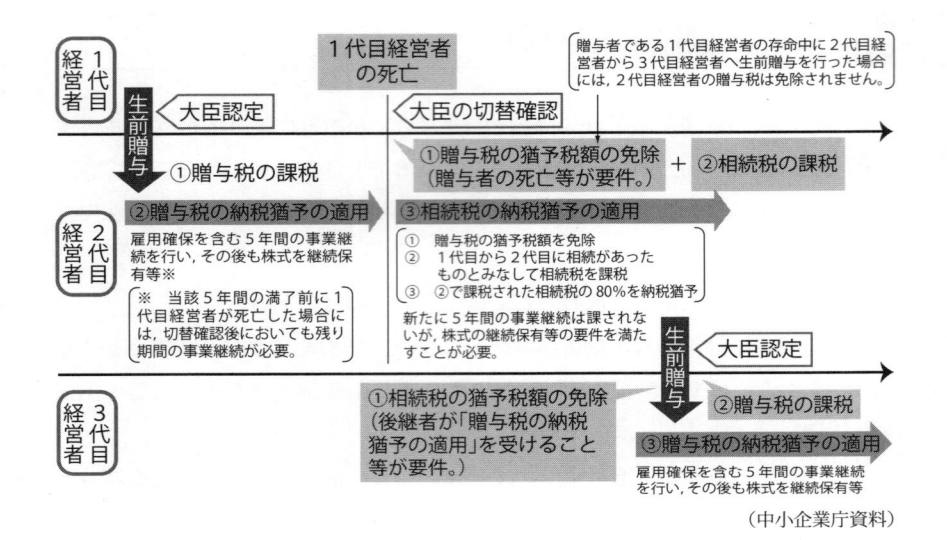

3　贈与税の納税猶予制度の概要

　納税猶予制度の適用を受けるためには，次のそれぞれの時点で定められた要件を満たす必要がある。

① 事前段階：「計画的な承継に係る取組」
ただし，平成25年度税制改正により事前の確認制度は廃止される（**11**参照）。
② 贈与時点：「贈与者（先代経営者）の要件」「受贈者（後継者）の要件」「会社の要件」
③ 贈与後5年間：「事業継続期間の要件」
④ 相続発生まで：「5年間経過後の要件」

　そもそも贈与時点で必要な要件を満たしていない場合は，当然に制度の適用を受けることができないが，前述のとおり納税猶予制度の適用を受けた後でも相続発生までに要件を満たさなくなった場合は，その時点で猶予を受けた贈与税を納付する必要がある。

よって，適用に際しては贈与時の状況のみでなく，将来における状況も検討した上で適用の判断をする必要がある。

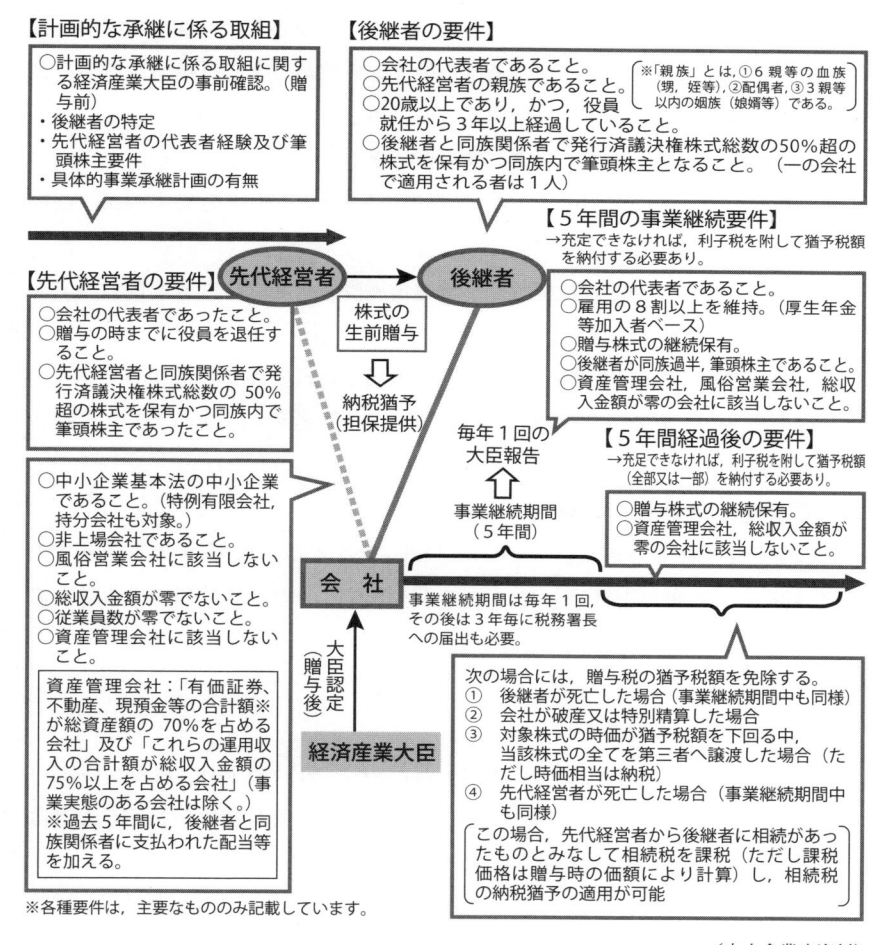

【計画的な承継に係る取組】
○計画的な承継に係る取組に関する経済産業大臣の事前確認。（贈与前）
・後継者の特定
・先代経営者の代表者経験及び筆頭株主要件
・具体的事業承継計画の有無

【後継者の要件】
○会社の代表者であること。
○先代経営者の親族であること。
○20歳以上であり，かつ，役員就任から3年以上経過していること。
○後継者と同族関係者で発行済議決権株式総数の50%超の株式を保有かつ同族内で筆頭株主となること。（一の会社で適用される者は1人）

※「親族」とは，①6親等内の血族（甥，姪等），②配偶者，③3親等以内の姻族（娘婿等）である。

【先代経営者の要件】　先代経営者 → 後継者
○会社の代表者であったこと。
○贈与の時までに役員を退任すること。
○先代経営者と同族関係者で発行済議決権株式総数の50%超の株式を保有かつ同族内で筆頭株主であったこと。

株式の生前贈与
納税猶予（担保提供）

【5年間の事業継続要件】
→充定できなければ，利子税を附して猶予税額を納付する必要あり。
○会社の代表者であること。
○雇用の8割以上を維持。（厚生年金等加入者ベース）
○贈与株式の継続保有。
○後継者が同族過半，筆頭株主であること。
○資産管理会社，風俗営業会社，総収入金額が零の会社に該当しないこと。

○中小企業基本法の中小企業であること。（特例有限会社，持分会社も対象。）
○非上場会社であること。
○風俗営業会社に該当しないこと。
○総収入金額が零でないこと。
○従業員数が零でないこと。
○資産管理会社に該当しないこと。

資産管理会社：「有価証券，不動産，現預金等の合計額※が総資産額の70%を占める会社」及び「これらの運用収入の合計額が総収入金額の75%以上を占める会社」（事業実態のある会社は除く。）
※過去5年間に，後継者と同族関係者に支払われた配当等を加える。

毎年1回の大臣報告
事業継続期間（5年間）

【5年間経過後の要件】
→充定できなければ，利子税を附して猶予税額（全部又は一部）を納付する必要あり。
○贈与株式の継続保有。
○資産管理会社，総収入金額が零の会社に該当しないこと。

会社
大臣認定（贈与後）
経済産業大臣

事業継続期間は毎年1回，その後は3年毎に税務署長への届出も必要。

次の場合には，贈与税の猶予税額を免除する。
① 後継者が死亡した場合（事業継続期間中も同様）
② 会社が破産又は特別清算した場合
③ 対象株式の時価が猶予税額を下回る中，当該株式の全てを第三者へ譲渡した場合（ただし時価相当は納税）
④ 先代経営者が死亡した場合（事業継続期間中も同様）

この場合，先代経営者から後継者に相続があったものとみなして相続税を課税（ただし課税価格は贈与時の価額により計算）し，相続税の納税猶予の適用が可能

※各種要件は，主要なもののみ記載しています。

（中小企業庁資料）

4　特例を受けるための要件

1　贈与者（先代経営者）の要件

次の全ての要件を満たす必要があるが，特に注意が必要なのは下記④の「役員を退任すること」である。経営者は役員を退任することに抵抗感を持つことが多いが，退任しなければ制度の適用を受けることができない。

① 認定贈与承継会社の代表者であったこと
② 贈与の時においてその代表者の同族関係者と合わせて総株主等議決権数の50％超を保有していたこと
③ 贈与の時において議決権数が，経営承継受贈者を除き同族関係者内で筆頭株主であったこと
④ 贈与の時までに認定贈与承継会社の役員を退任すること
　　ただし，平成25年度税制改正により，「代表者を退任すること」に緩和される（**11**参照）。

2　受贈者（後継者）の要件

次の全ての要件をいずれも贈与の時において満たす必要があるが，下記④の「役員就任から3年以上経過」については，贈与直前の役員就任では要件を満たせないため，特に注意が必要である。

贈与の時において

① 会社の代表者であること
② 先代経営者の親族であること（配偶者・6親等内の血族・3親等内の姻族）
　　ただし，平成25年度税制改正により，親族外でも認められることとなるため，この要件は廃止される（**11**参照）。
③ 20歳以上であること
④ 役員就任から3年以上経過していること
⑤ 受贈者の株数と同族関係者と合わせて総株主等決権株数の50％以上保有し，かつ同族関係者内で筆頭株主であること

3　認定承継会社の要件

　納税猶予制度は中小企業の経営の承継の円滑化を図り雇用を守るための制度であるため，上場企業のように優遇する必要のない会社や，事業実態の乏しい会社は対象から除かれている。

次に該当する会社は特例の適用を受けることができない。

① 　上場会社
② 　中小企業者に該当しない会社
　　中小企業基本法，及び円滑化法施行令による。
③ 　風俗営業会社
④ 　資産管理会社
　　有価証券・土地等の保有割合が帳簿価額の70％以上である資産保有型会社やこれらの運用からの収入が75％以上である資産運用型会社のことをいう。
　　資産保有型会社等に該当する場合であっても，贈与の時において常時使用従業員数が5以上ある場合等一定の要件を満たす場合には該当しないものと取り扱われる。
⑤ 　総収入金額がゼロの会社，従業員数がゼロの会社
　　総収入金額や常時使用従業員数が1以上であることが必要である。
　　なお，ここでいう従業員は厚生年金保険又は健康保険の被保険者及びその会社と2月を超える雇用契約を締結している者で75歳以上であるものをいう。
⑥ 　その会社の特定特別関係会社が上場会社，中小企業者に該当しない会社，風俗営業会社
　　特定特別関係会社とは，会社の代表者及び代表者と次に掲げる特別の関係がある者が総株主等議決権数の50％超を有している会社をいう。
- 代表者の同一生計親族
- 代表者と婚姻の届出をしていないが事実上婚姻関係と同様の事情にある者

- 代表者の使用人
- 代表者から受ける金銭その他の資産によって生計を維持している者
- 前三号に掲げる者の同一生計親族
- 次に掲げる会社
    - イ　代表者等（代表者と上記の特別の関係がある者を含む）が総株主等議決権数の50％超を有している会社
    - ロ　代表者等及びイに掲げる会社が総株主等議決権数の50％超を有する会社
    - ハ　代表者等及びイ又はロに掲げる会社が総株主等議決権数の50％超を有する会社

5　資産管理会社について

1　資産管理会社

　租税回避行為を防止するため，次のようないわゆる資産管理会社については，この制度の対象とはならない。

■ **資産保有型会社**
　特定資産（注）の保有割合が帳簿価額の総額の70％以上の会社をいう。

■ **資産運用型会社**
　特定資産（注）からの運用収入が総収入金額の75％以上の会社をいう。

（注）特定資産

　特定資産とは，次のものをいう。

- 有価証券（資産管理会社に該当しない特別子会社の株式を除く）
- 現に自ら使用していない不動産（外部への賃貸不動産も該当する）
- ゴルフ会員権等（販売用のものを除く）
- 絵画，貴金属等（販売用のものを除く）
- 現預金（代表者及び代表者の同族関係者に対する貸付金，未収金を含む）
- 贈与前5年以内に後継者及び後継者の同族関係者がその会社から受けた配当金及び

過大役員報酬

《特定資産となる有価証券の範囲》

中小企業者が有する有価証券及び持分	
特別子会社の株式又は持分 資産保有型子会社・資産運用型子会社に該当	特定資産
資産保有型子会社・資産運用型子会社に該当せず	

(中小企業庁資料)

2　資産管理会社でもこの制度の対象となる場合

　上記1の資産保有型会社又は資産運用型会社に該当する会社でも，次のいずれの要件も満たすような事業実態のある会社は，この制度の対象となる。

① 　常時使用従業員が5人以上いること

　　　ただし，平成25年度税制改正により，「受贈者の同一生計親族以外で5人以上」とされる（**11**参照）。

② 　事務所，店舗，工場その他の固定施設を所有又は賃借していること

③ 　贈与前3年以上継続して，自己の名義と計算において，商品販売等（商品の販売，資産の貸付又は役務の提供等）を行っていること

　　　ただし，平成25年度税制改正により，資産の貸付から受贈者の同族関係者等が除かれる（**11**参照）。

3　その他の対象外となる会社

　租税回避行為を防止するため，贈与前3年間に受贈者の同族関係者からの現物出資又は贈与により取得した資産の合計額の割合が総資産の70％以上である会社についても対象外となる。

6 特例を受けるための基本的手続

贈与税の納税猶予の適用を受けるための基本的手続

- 贈与の日の属する年の**翌年の1月15日**が，経済産業局への認定の申請期限。
- **認定申請基準日**（贈与の日が1月1日～10月15日の場合は10月15日，贈与の日が10月15日～12月31日の場合はその贈与の日）以後，「会社が資産保有型会社等でないこと」等を判定。
- 贈与税の納税猶予の適用を受けるためには，認定時に交付される認定書とその他の必要書類を添付して，贈与税の申告を行うことが必要。
- 事業継続期間（認定の有効期間）は**贈与税申告期限（すなわち3月15日）から5年間**。この間は**毎年3月15日（報告基準日）を基準とした事業継続の状況等についての報告書**を，報告基準日の翌日から**3月以内（6月15日まで）に経済産業局に提出**。この報告時に交付される「要件に該当する旨」の確認書とその他の必要書類を添付して，報告基準日から5月以内（8月15日まで）に税務署に届出書を提出することが必要。
- **5年間の事業継続期間の経過後は，3年に1回，税務署への届出書とその他の必要書類の提出が必要。ただし，経済産業局への報告は必要なし。**

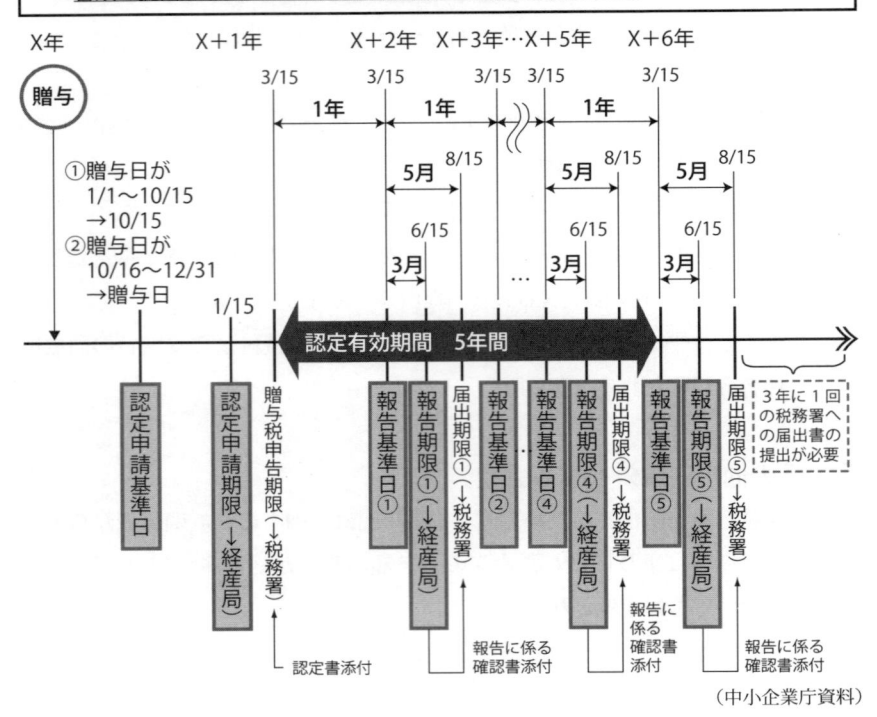

（中小企業庁資料）

特例の適用を受けるために以下の手続を順次行っていくことになる。

1　経済産業大臣の確認

相続開始前に円滑化法に基づく計画的な取組みを行っていることについて「経済産業大臣の確認」を受ける。「施行規則第16条第2項の規定による確認申請書」等を各地域の経済産業局へ提出する。「経済産業大臣の認定」を受けるための要件である。

贈与税の納税猶予の場合，確認を省略することはできない。

ただし，平成25年度税制改正により事前の確認制度は廃止される（**11**参照）。

2　贈与の実行

この特例の対象となる非上場株式等の数は，次のa，b，cの数を基に次の場合に応じた数が限度となり，納税猶予の適用を受けるためには，次のいずれかの数以上の株式の贈与を行う必要がある。

① 「$a+b < c \times 2/3$」の場合

　限度数（a）の全部

② 「$a+b \geqq c \times 2/3$」の場合

　限度数（$c \times 2/3 - b$）以上の数

「a」… 贈与者（先代経営者）が贈与の直前に保有する非上場株式等の数
「b」… 受贈者（後継者）が贈与の前から保有する非上場株式等の数
「c」… 贈与直前の発行済株式等の総数

(注1)「非上場株式等」又は「発行済株式等」は，議決権に制限のないものに限る。

(注2) この特例の対象となる非上場株式等は，議決権に制限のないものに限る。

3　経済産業大臣の認定

贈与後に会社の要件，後継者の要件，先代経営者の要件を満たしていることについての「経済産業大臣の認定」を受ける。贈与を受けた年の翌年1月15日までに経済産業局へ申請する。

4　贈与税の申告と担保の提供

贈与税の申告を，贈与年の翌年3月15日までに行う。このとき，納税が猶予される贈与税額及び利子税の額に見合う担保の提供が必要である。

5　申告期限後5年間の事業継続要件

毎年贈与税の申告期限から1年を経過する日の翌日から3カ月以内に経済産業局に報告書を提出し，納税地の所轄税務署長に「継続届出書」を提出する。

この期間内に次の事項に該当しなくなった場合には，猶予している贈与税額全額を該当しなくなった日から2カ月以内に利子税と併せて納税しなくてはならない。

① 相続人が代表者であること
② 雇用の80％以上を維持すること
　ただし，平成25年度税制改正により，80％を下回る年があっても，5年平均で80％を下回らなければ納税猶予は継続される（**11**参照）。
③ 相続した株式等を継続して保有すること
④ 資産管理会社に該当しないこと

6　申告期限後5年経過後の事業継続要件

申告期限後5年を経過して，上記**5**の①②に該当しなくなった場合には引き続き納税猶予が認められるが，③に該当しなくなった場合には譲渡した株式の額に応じた税額を納税する。なお，「継続届出書」は3年ごとに提出する。

〈納税が猶予されている贈与税を納付する必要がある主な場合〉

① 次表の「A」に該当した場合には，納税が猶予されている贈与税の全額と利子税を併せて納付する。
② 次表の「B」に該当した場合には，納税が猶予されている贈与税のうち，譲渡等をした部分に対応する贈与税と利子税を併せて納付する。
　譲渡等をした部分に対応しない贈与税については，引き続き納税が猶予される。
③ 「C」に該当した場合には，贈与税を納付することなく引き続き納税が

猶予される。

猶予税額を納付する必要がある 主な事由	事業継続 期間内	事業継続 期間経過後
後継者が代表者でなくなった場合（身体障害者手帳の交付を受けた場合などを除く）	A	C
常時使用する従業員の数が8割を下回った場合 (注1)	A	C
後継者と同族関係者の議決権割合が50％以下となった場合	A	C
後継者が同族関係者内で筆頭株主でなくなった場合	A	C
後継者が適用対象となった株式の一部を譲渡又は贈与した場合	A	B
後継者が適用対象となった株式の全部を譲渡又は贈与した場合	A	A
資産管理会社に該当することとなった場合（事業実態がある場合を除く）	A	A
総収入金額がゼロとなった場合 (注2)	A	A
上場会社，風俗営業会社，特別子会社が風俗営業会社に該当することとなった場合	A	C
先代経営者が代表者に復帰した場合又は役員として給与の支給を受けた場合 (注3)	A	C

（注1）平成25年度税制改正により，80％を下回る年があっても，5年平均で80％を下回らなければ納税猶予は継続される。

（注2）平成25年度税制改正により，総収入金額から営業外収益及び特別利益が除外され，売上高のみで判定することとなる。

（注3）平成25年度税制改正により，役員として給与の支給を受けた場合も納税猶予が継続される。

7　雇用確保要件が満たせなかった場合の延納

　平成25年度税制改正により，取消事由のうち雇用確保要件（5年平均で80％以上）が満たせなかったために猶予税額を納付しなければならないときは，延納を選択することができることとされる。(**11**参照)

様式第20

施行規則第16条第2項の規定による確認申請書

年　月　日

経済産業大臣名　殿

郵　便　番　号
会　社　所　在　地
会　社　名
電　話　番　号
代表者の氏名　　　　　印

中小企業における経営の承継の円滑化に関する法律施行規則第16条第1項の確認を受けたいので、下記のとおり申請します。

記

1　会社について

主たる事業内容	
資本金の額又は出資の総額	円
常時使用する従業員の数	人

2　特定後継者について

氏名	
住所	
会社における地位	
申請者の特定代表者から相続若しくは遺贈又は贈与により取得することが見込まれる申請者の株式等及び事業用資産等の内容	

3　特定代表者について

確認申請日における総株主等議決権数	(a)	個
氏名		
住所		

代表者であった時期	年　月　日から　年　月　日まで		
特定後継者との続柄			
確認申請日における同族関係者との保有議決権数の合計及びその割合	(b)+(c)		個
	((b)+(c))/(a)		％
確認申請日における保有議決権数及びその割合	(b)		個
	(b)/(a)		％
確認申請日における同族関係者	氏名(会社名)	住所(会社所在地)	保有議決権数及びその割合
			(c)　　　　　個
			(c)/(a)　　　％
代表者であって、同族関係者と合わせて申請者の総株主等議決権数の100分の50を超える数を有し、かつ、いずれの同族関係者が有する議決権数をも下回っていなかった時期(*)	年　月　日から　年　月　日まで		
(*)の時期における総株主等議決権数	(d)		個
(*)の時期における同族関係者との保有議決権数の合計及びその割合	(e)+(f)		個
	((e)+(f))/(d)		％
(*)の時期における保有議決権数及びその割合	(e)		個
	(e)/(d)		％
(*)の時期における同族関係者	氏名(会社名)	住所(会社所在地)	保有議決権数及びその割合
			(f)　　　　　個
			(f)/(d)　　　％

4　新たに特定後継者になることが見込まれる者について

氏名	
住所	
会社における地位	
特定後継者又は特定代表者との続柄	
申請者の特定代表者又は特定後継者から相続若しくは遺贈又は贈与により取得することが見込まれる申請者の株式等及び事業用資産等の内容	

(備考)
1　用紙の大きさは、日本工業規格 A4 とする。
2　記名押印については、署名をする場合、押印を省略することができる。
3　申請書の写し及び施行規則第 16 条第 2 項各号に掲げる書類を添付する。

(記載要領)
1　単位が「％」の欄は小数点第 1 位までの値を記載する。
2　「同族関係者」については、該当するものが複数ある場合には同様の欄を追加して記載する。
3　「新たに特定後継者になることが見込まれる者」については、該当する者がいない場合に記載しない。

4 「確認申請日における保有議決権数及びその割合」については、平成 21 年 3 月 31 日までに特定後継者が特定代表者から申請者の株式等を贈与により取得した場合であって、当該株式等が選択特定受贈同族会社株式等又は選択特定同族株式等であるときは、当該株式等（当該特定後継者が引き続き有している株式等に限る。）に係る議決権数及びその割合を加算して記載する。この場合、その旨を証する書類を添付する。

様式第7

認定申請書
(施行規則第6条第1項第7号の事由に該当する場合)

　　　　　　　　　　　　　　　　　　　　　　　　　年　　月　　日

経済産業大臣名　殿

　　　　　　　　　　　　　　　郵 便 番 号
　　　　　　　　　　　　　　　会 社 所 在 地
　　　　　　　　　　　　　　　会　　社　　名
　　　　　　　　　　　　　　　電 話 番 号
　　　　　　　　　　　　　　　代表者の氏名　　　　　　　　印

　中小企業における経営の承継の円滑化に関する法律第12条第1項の認定(同法施行規則第6条第1項第7号の事由に係るものに限る。)を受けたいので、下記のとおり申請します。

記

1　特別贈与認定中小企業者について

主たる事業内容	
資本金の額又は出資の総額	円
贈与の日	年　月　日
贈与認定申請基準日	年　月　日
贈与税申告期限	年　月　日

常時使用する従業員の数	贈与の時 (a)+(b)+(c)−(d) 人	贈与認定申請基準日 (e)+(f)+(g)−(h) 人
厚生年金保険の被保険者の数	(a)　　　　人	(e)　　　　人
70歳以上75歳未満である健康保険の被保険者の数(*1)	(b)　　　　人	(f)　　　　人
70歳以上であって(*1)に該当しない常時使用する従業員の数	(c)　　　　人	(g)　　　　人
役員(使用人兼務役員を除く。)の数	(d)　　　　人	(h)　　　　人

施行規則第16条の確認（施行規則第17条第1項又は第2項の変更の確認をした場合には変更後の確認）に係る確認事項		確認の年月日及び番号	年　月　日　（　　号）
^		特定代表者の氏名	
^		特定後継者の氏名	

贈与認定申請基準事業年度（　年　月　日から　年　月　日まで）における特定資産等に係る明細表

種別		内容	利用状況	帳簿価額	運用収入
有価証券	特別子会社の株式又は持分（(*2)を除く。）			(1) 円	(12) 円
^	資産保有型子会社又は資産運用型子会社に該当する特別子会社の株式又は持分(*2)			(2) 円	(13) 円
^	特別子会社の株式又は持分以外のもの			(3) 円	(14) 円
不動産	現に自ら使用しているもの			(4) 円	(15) 円
^	現に自ら使用していないもの			(5) 円	(16) 円
ゴルフ場その他の施設の利用に関する権利	事業の用に供することを目的として有するもの			(6) 円	(17) 円
^	事業の用に供することを目的としないで有するもの			(7) 円	(18) 円
絵画、彫刻、工芸品その他の有形の文化的所産である動産、貴金属及び宝石	事業の用に供することを目的として有するもの			(8) 円	(19) 円
^	事業の用に供することを目的としないで有するもの			(9) 円	(20) 円
現金、預貯金等	現金及び預貯金その他これらに類する資産			(10) 円	(21) 円

現金、預貯金等	経営承継受贈者及び当該経営承継受贈者に係る同族関係者等（施行規則第1条第12項第2号ホに掲げる者をいう。）に対する貸付金及び未収金その他これらに類する資産		(11) 円	(22) 円
特定資産の帳簿価額の合計額	(23)=(2)+(3)+(5)+(7)+(9)+(10)+(11) 円	特定資産の運用収入の合計額		(25)=(13)+(14)+(16)+(18)+(20)+(21)+(22) 円
資産の帳簿価額の総額	(24)　　　　円	総収入金額		(26)　　　　円
贈与認定申請基準事業年度終了の日以前の5年間（贈与の日前の期間を除く。）に経営承継受贈者及び当該経営承継受贈者に係る同族関係者に対して支払われた剰余金の配当等及び損金不算入となる給与の金額		剰余金の配当等		(27) 円
		損金不算入となる給与		(28) 円
特定資産の帳簿価額等の合計額が資産の帳簿価額等の総額に対する割合	(29)=((23)+(27)+(28))/((24)+(27)+(28)) ％	特定資産の運用収入の合計額が総収入金額に占める割合		(30)=(25)/(26) ％
会社法第108条第1項第8号に掲げる事項について定めがある種類の株式(*3)の発行の有無				有□　無□
(*3)を発行している場合にはその保有者	氏名（会社名）		住所（会社所在地）	

2　贈与者及び経営承継受贈者について

総株主等議決権数	贈与の直前		(a)	個
	贈与の時		(b)	個
贈与者	氏名			
	贈与の時の住所			
	贈与の時の役員への就任の有無			□有　□無
	贈与の直前における同族関係者との保有議決権数の合計及びその割合		(c)+(d)	個
			((c)+(d))/(a)	％
		贈与の直前における保有議決権数及びその割合	(c)	個
			(c)/(a)	％

贈与者	贈与の直前における同族関係者	氏名(会社名)	住所(会社所在地)	保有議決権数及びその割合	
				(d)	個
				(d)/(a)	％
	(*2)から(*3)を控除した残数又は残額			(f)-(g)	株(円)
	贈与の直前の発行済株式又は出資(議決権の制限のない株式等に限る。)の総数又は総額(*1)			(e)	株(円)
	(*1)の3分の2(*2)			(f)=(e)×2/3	株(円)
	贈与の直前において経営承継受贈者が有していた株式等の数又は金額(*3)			(g)	株(円)
	贈与の直前において贈与者が有していた株式等(議決権に制限のないものに限る。)の数又は金額				株(円)
	贈与者が贈与をした株式等(議決権の制限のないものに限る。)の数又は金額				株(円)
経営承継受贈者	氏名				
	住所				
	贈与の日における年齢				
	贈与の時における贈与者との続柄				
	贈与の時における代表者への就任の有無			□有 □無	
	贈与の日前3年以上にわたる役員への就任の有無			□有 □無	
	贈与の時における同族関係者との保有議決権数の合計及びその割合			(h)+(i)+(j)	個
				((h)+(i)+(j))/(b)	％
	保有議決権数及びその割合	贈与の直前	(h)	個	贈与者から贈与により取得した数(*4)
			(h)/(a)	％	
		贈与の時	(h)+(i)	個	
			((h)+(i))/(b)	％	
		(*4)のうち租税特別措置法第70条の7第1項の適用を受けようとする株式等に係る議決権の数(*5)			個
		(*5)のうち贈与認定申請基準日までに譲渡した数			個
	贈与の時における同族関係者	氏名(会社名)	住所(会社所在地)	保有議決権数及びその割合	
				(j)	個
				(j)/(b)	％

(i) 個

3 贈与の時以後における特別子会社について

区分			特定特別子会社に　該当 / 非該当	
会社名				
会社所在地				
主たる事業内容				
資本金の額又は出資の総額				円
総株主等議決権数			(a)	個
株主又は社員	氏名（会社名）	住所（会社所在地）	保有議決権数及びその割合	
			(b)	個
			(b)/(a)	％

(備考)
1 用紙の大きさは、日本工業規格A4とする。
2 記名押印については、署名をする場合、押印を省略することができる。
3 申請書の写し及び施行規則第7条第2項各号に掲げる書類を添付する。
4 施行規則第6条第2項の規定により申請者が資産保有型会社又は資産運用型会社に該当しないものとみなれた場合には、その旨を証する書類を添付する。
5 贈与認定申請基準事業年度終了の日において申請者に特別子会社がある場合にあっては特別子会社に該当する旨を証する書類、当該特別子会社が資産保有型子会社又は資産運用型子会社に該当しないとき（施行規則第6条第2項の規定によりそれぞれに該当しないものとみなされた場合を含む。）には、その旨を証する書類を添付する。

(記載要領)
1 単位が「％」の欄は小数点第1位までの値を記載する。
2 「贈与認定申請基準事業年度（　年　月　日から　年　月　日まで）における特定資産等に係る明細表」については、贈与認定申請基準事業年度に該当する事業年度が複数ある場合には、その事業年度ごとに同様の表を記載する。「特定資産」又は「運用収入」については、該当するものが複数ある場合には同様の欄を追加して記載する。
3 「損金不算入となる給与」については、法人税法第34条及び第36条の規定により申請者の各事業年度の所得の金額の計算上損金の額に算入されないこととなる給与（債務の免除による利益その他の経済的な利益を含む。）の額を記載する。
4 「(*3)を発行している場合にはその保有者」については、申請者が会社法第108条第1項第8号に掲げる事項について定めがある種類の株式を発行している場合に記載し、該当する者が複数ある場合には同様の欄を追加して記載する。
5 「同族関係者」については、該当する者が複数ある場合には同様の欄を追加して記載する。
6 「(*1)の3分の2」については、1株未満又は1円未満の端数がある場合にあっては、その端数を切り上げた数又は金額を記載する。

7 「贈与者から贈与により取得した数」については、贈与の時以後のいずれかの時において申請者が合併により消滅した場合にあっては当該合併に際して交付された吸収合併存続会社等の株式等（会社法第234条第1項の規定により競売しなければならない株式を除く。）に係る議決権の数、贈与の時以後のいずれかの時において申請者が株式交換等により他の会社の株式交換完全子会社等となった場合にあっては当該株式交換等に際して交付された株式交換完全親会社等の株式等（会社法第234条第1項の規定により競売しなければならない株式を除く。）に係る議決権の数とする。

8 「特別子会社」については、贈与の時以後において申請者に特別子会社がある場合に記載する。特別子会社が複数ある場合には、それぞれにつき記載する。「株主又は社員」が複数ある場合には、同様の欄を追加して記載する。

7　猶予税額の免除

1　猶予税額の免除
　以下①②のいずれにおいても，贈与税は免除されるものの，相続財産として相続税の課税対象となる。この場合，適用要件を満たせば相続税の納税猶予の適用を受けることも可能である。
　①　先代経営者（贈与者）の死亡
　②　後継者が死亡した場合

2　一定期間経過後の猶予税額の免除
　申告期限後5年経過後であれば，次の事由による場合も猶予税額は免除される。
　①　同族関係者以外の者へ一括して譲渡した場合
　　　ただし，譲渡対価又は譲渡時の時価のいずれか高い額が猶予税額を下回る場合のその差額分が免除される。
　②　会社の倒産等

8　納税猶予額の計算

ステップ1　贈与を受けたすべての財産の価額の合計額に基づき贈与税を計算します。

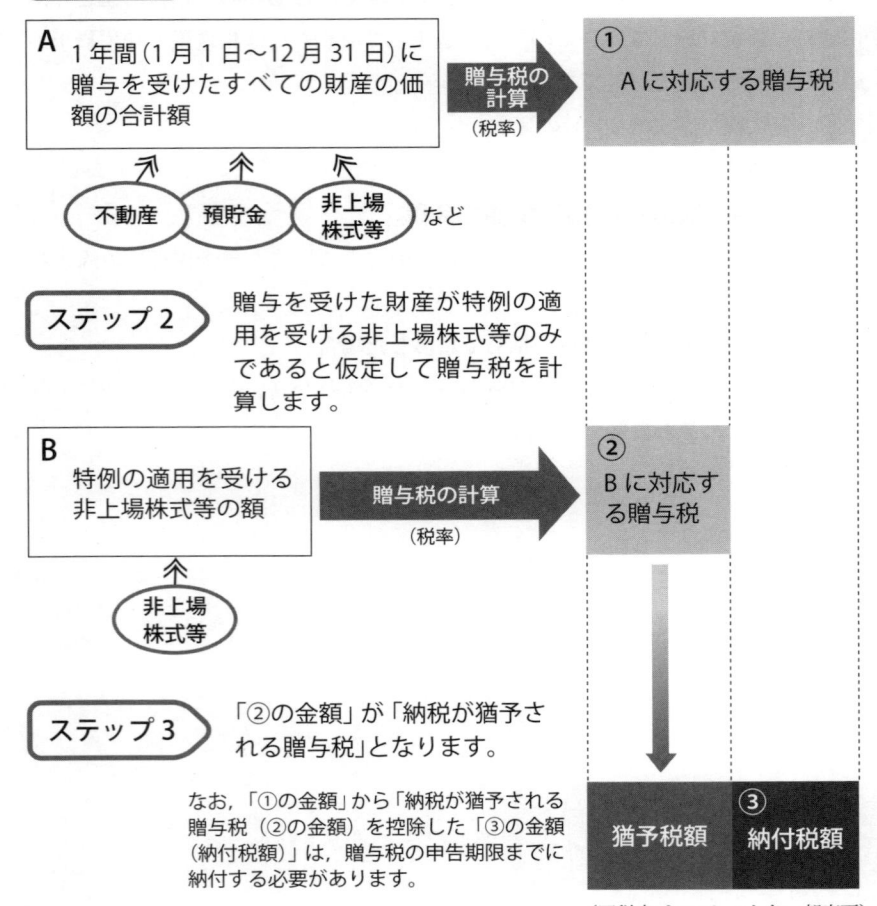

A　1年間（1月1日～12月31日）に贈与を受けたすべての財産の価額の合計額

← 不動産　預貯金　非上場株式等　など

贈与税の計算（税率）→ **①　Aに対応する贈与税**

ステップ2　贈与を受けた財産が特例の適用を受ける非上場株式等のみであると仮定して贈与税を計算します。

B　特例の適用を受ける非上場株式等の額

← 非上場株式等

贈与税の計算（税率）→ **②　Bに対応する贈与税**

ステップ3　「②の金額」が「納税が猶予される贈与税」となります。

なお，「①の金額」から「納税が猶予される贈与税（②の金額）を控除した「③の金額（納付税額）」は，贈与税の申告期限までに納付する必要があります。

猶予税額　**③　納付税額**

（国税庁パンフレットを一部変更）

納税が猶予される贈与税の額は，後継者が贈与を受けた財産が特例の対象となる非上場株式等のみであると仮定した場合の贈与税額の全額の納税が猶予される。

この特例の対象となる非上場株式等の数は，次のa，b，cの数を基に下表の区分の場合に応じた数が限度とされている。

> 「a」… 贈与者（先代経営者）が贈与の直前に保有する非上場株式等の数
> 「b」… 受贈者（後継者）が贈与の前から保有する非上場株式等の数
> 「c」… 贈与直前の発行済株式等の総数

▼特例の対象となる非上場株式等の数

区分		特例の対象となる非上場株式等の限度数
イ	a＋b＜c×2／3の場合	先代経営者が贈与の直前に保有する非上場株式等の数（a）
ロ	a＋b≧c×2／3の場合	発行済株式等の総数の3分の2から後継者が贈与の前から保有する非上場株式等の数を控除した数（c×2／3－b）

（注1）「非上場株式等」又は「発行済株式等」は，議決権に制限のないものに限る。
（注2）この特例の対象となる非上場株式等は，議決権に制限のないものに限る。

贈与税の納税猶予の適用を受ける株式の贈与については，相続時精算課税の規定は適用されないが，上記の（c×2／3－b）を超える部分の株式の贈与など，納税猶予の対象とならない株式の贈与については，相続時精算課税の適用を受けることができる。

この際，その会社が直接又は間接に一定の外国会社又は医療法人の株式等を有する場合には，その外国会社又は医療法人の株式等を有していなかったものとして計算した価額により上記ステップ2の計算を行うこととされている（外国会社・医療法人の株式等に対応する税額は猶予されない）。

なお，平成25年度税制改正により，その会社が資産保有型会社等に該当し，

上場株式等（１銘柄につき，発行済株式等の総数等の３％以上）を保有する場合には，納税猶予税額の計算上，その上場株式等相当額を算入しないこととされる（⓫参照）。

9 利子税

　贈与税の納税猶予が取消しとなった場合は，猶予税額に相当する額に贈与税の申告期限の翌日から納税猶予期限（取消し事由が生じた日から２月）までの日数に応じた額の利子税を併せて納付しなければならない。この場合の利子税の税率は原則として年3.6％とされている。

　なお，各年の特例基準割合（各年の前年の11月30日を経過する時における日本銀行法の規定により定められる商業手形の基準割引率に年４％の割合を加算した割合をいう）が年7.3％の割合に満たない場合には，その年中においては，その特例基準割合（0.1％未満切捨）とする。

$$3.6\% \times \frac{\text{前年11月30日の基準割引率}+4.0\%}{7.3\%}$$

※　平成25年の場合…$3.6\% \times \dfrac{0.3\%+4.0\%}{7.3\%} = 2.1\%$

　ただし，平成25年度税制改正により，事業継続期間（５年間）経過後に取消事由に該当した場合には，その事業継続期間に係る利子税が免除される。（⓫参照）

　さらに，平成25年度税制改正における「延滞税等の見直し」により，利子税を計算する際の特例基準割合が変更される。具体的には，「各年の前々年の10月から前年の９月までの各月における銀行の新規の短期貸出約定平均金利の合計を12で除して得た割合として各年の前年12月15日までに財務大臣が告示する割合に，年１％の割合を加算した割合」とされ，利子税は年0.9％と

なる見込みである。

10 担保の提供

贈与税の納税猶予制度の適用を受けるためには，申告書の提出と共に納税が猶予される贈与税額及び利子税の額に見合う担保を提供する必要がある。

1 担保として提供できる財産

次のいずれかが担保として認められている。

なお，納税猶予の対象となる非上場株式等の全部を担保として提供した場合は，必要担保額に見合う担保の提供があったものとみなされるため，通常は非上場株式等の全部を担保として提供する。

① 納税猶予の対象となる非上場株式等の全部
② 不動産，国債・地方債，税務署長が確実と認める有価証券，税務署長が確実と認める保証人の保証など（通則法50に掲げる財産）

2 対象となる非上場株式等を担保として供託する場合の手続の流れ

① 次の手続により非上場株式を供託する。なお，株券不発行の会社である場合は，事前に株券を発行する必要がある。

ただし，平成25年度税制改正により，株券の発行は不要となる（**11**参照）。

　イ 担保のための供託書（正本・副本）を作成する。なお，この用紙は法務局（供託所）に備え付けられている。

　ロ 作成した供託書（正本・副本）を法務局（供託所）に提出する。法務局（供託所）において内容の審査を行った後，供託書（正本）（「受理した旨」が記載されたもの）及び供託有価証券寄託書が返却される。

　ハ 法務局（供託所）から指定された日本銀行（本店・支店・代理店）へ，供託書（正本）（「受理した旨」が記載されたもの），供託有価証券寄託書及び株券を提出する。

ニ　供託書（正本）（「納入された旨」が記載されたもの）が返却される。
　②　税務署長に供託書（正本）を提出する。税務署長から担保関係書類の預り証が交付される。

〈税務署に提出する書類〉
　①　供託書（正本）
　②　担保提供書（参考様式１）
　③　担保目録（参考様式２）
　④　株券の写し

３　申告期限までに担保提供が完了しない場合

　納税猶予制度の適用を受けるためには，申告書の提出期限までに納税猶予分の贈与税額に相当する担保を提供することとされているが，例えば株券の発行や供託手続等に時間を要するため，申告書の提出期限までに担保提供に関する書類の全部が整わない場合には，あらかじめ所轄の税務署（管理運営部門）に連絡の上，「速やかに担保関係書類の提出を行う旨の確約書」を提出し，株券発行等の手続を了した後に速やかに関係書類を提出することにより適用を受けられる。

(参考) 供託書

初葉

次葉

参考様式1

担保提供書
（非上場株式等についての納税猶予用）

1 原　因　　　次項の納税者の平成＿＿年＿＿月＿＿日＿＿＿＿＿＿＿による＿＿＿＿＿＿税及び利子税の額に対する非上場株式等についての納税猶予担保

2 納税者　　　住所
　　　　　　　氏名

3 納税額　　　金＿＿＿＿＿＿＿＿＿＿＿＿＿＿＿＿＿円
　　　　　　　内訳　＿＿＿＿税額　金＿＿＿＿＿＿＿＿＿＿＿＿＿＿円
　　　　　　　　　　　　　及び利子税の額　金＿＿＿＿＿＿＿＿＿円
　　　　　　　延滞税の額　　国税通則法所定の額

上記の国税の担保として末記物件を提供します。
　　平成　　年　　月　　日
　　　　税務署長　殿
　　　　　　納税者　住　所
　　　　　　　　　　氏　名　　　　　　　　　　　　　㊞

⎡　上記の担保の提供に同意します。
⎜　　平成　　年　　月　　日
⎜　　　　所有者　住　所
⎣　　　　　　　　氏　名　　　　　　　　　　　　　　㊞　⎤

物件の表示

参考様式2

担保目録

(非上場株式等についての納税猶予用)

納税者

住所 _____

氏名 _____

担保物件の表示	単　価	価　額	備　考	
			所有者	その他
	円	円		

参考様式3

速やかに担保関係書類の提出を行う旨の確約書

非上場株式等に係る 相続税/贈与税 の納税猶予の特例の適用を受けるための担保として提供する 特例非上場株式等/特例受贈非上場株式等/特例相続非上場株式等 については、税務署長から次の担保関係書類の提出を求められた場合には、速やかに提出することを約します。

担保提供を行う特例（受贈・相続）非上場株式等に係る認定（受贈・相続）承継会社の名称等

担保関係書類	【非上場株式の場合】 □　供託書正本 □　株券の写し 【持分会社の持分の場合】 □　持分に質権を設定することについて承諾した旨を記載した書類 □　納税者の印についての印鑑証明書 □　持分会社が納税者の持分に税務署長が質権を設定することについて承諾したことを証する書類 □　持分会社の印についての印鑑証明書 □　質権設定について社員全員の同意に関する議事録等の写し □

備　考
相続（贈与）税の申告年月日　　平成__年__月__日 被相続人（贈与者）_____ ※申告期限までに担保関係書類の提出が困難な場合には、その理由及び提出見込み時期等を備考欄に記載してください。

平成　年　月　日

納税者

　　住所 _____

　　氏名 _____ ㊞

11 平成25年度税制改正の概要

　平成21年度税制改正により事業承継税制が創設されたが，経済産業省によると，経済産業大臣の認定が平成20年10月～平成24年11月までの約4年間で566件（相続税390件，贈与税176件）にとどまっており，制度が普及しているとは言いがたい状況である。

　これを受け，平成25年度税制改正では，適用要件の緩和（雇用確保要件の緩和等），負担の軽減（利子税の引き下げ等），手続きの簡素化（事前確認の廃止等）など，制度の使い勝手を高める抜本的な見直しが行われることとなった。改正の概要は下記の表の通りである。

　いずれも，平成27年1月1日以後に贈与により取得する財産に係る贈与税から適用される。

	内容	改正前	改正後
認定要件	親族要件の廃止	受贈者は贈与者の親族に限る	受贈者は贈与者の親族に限らない
	役員退任要件の緩和	贈与者は贈与時において役員でないこと	贈与者は贈与時において代表者でないこと
	適用対象となる資産保有型会社等の厳格化	イ　常時使用従業員数5人以上には受贈者の同一生計親族を含む ロ　商品の販売・貸付等には受贈者の同族関係者等に対する貸付を含む	イ　常時使用従業員数5人以上には受贈者の同一生計親族を含めない ロ　商品の販売・貸付等から受贈者の同族関係者等に対する貸付を除外
猶予税額の計算	後継者が債務・葬式費用を負担した場合（相続税の納税猶予のみ）	猶予税額の計算上，債務・葬式費用を非上場株式等の価額から控除	猶予税額の計算上，債務・葬式費用を非上場株式等以外の財産の価額から控除
	資産保有型会社等が上場株式等（持株割合3％以上）を保有する場合	猶予税額は通常どおり計算	猶予税額の計算上，上場株式等相当額を算入しない

	民事再生計画の認可決定等があった場合の再計算	—	民事再生等の場合はその時点における株式等の価額に基づき猶予税額を再計算し，再計算後の猶予税額で継続（一部免除）
手続き	経済産業大臣の事前確認	事前確認が必要	事前確認制度を廃止
	株券不発行会社への適用	株券不発行会社は担保提供の際，株券発行が必要	株券不発行会社は担保提供の際，株券発行が不要
	贈与税申告書・継続届出書の添付書類	経済産業大臣の認定申請・継続報告書の添付書類と一部重複	経済産業大臣の認定申請・継続報告書の添付書類と重複するものは不要
取消事由	事業継続期間内（5年間）の役員給与支給	贈与者が役員給与の支給を受けた場合は取消事由に該当	贈与者が役員給与の支給を受けても納税猶予継続
	雇用確保要件の緩和	常時使用従業員数が一度でも80％を下回った場合は取消事由に該当	常時使用従業員数の5年平均が80％を下回った場合は取消事由に該当
	総収入金額がゼロとなった場合の取消	売上高，営業外収益及び特別利益がゼロとなった場合が該当	売上高がゼロとなった場合が該当
猶予税額の納付	雇用確保要件により取消となった場合	猶予税額は金銭一括納付	延納を選択可能（相続税の納税猶予の場合は物納も選択可能）
	事業継続期間（5年間）経過後の取消の場合	利子税は免除されない[注]	事業継続期間の利子税を免除[注]

（注）利子税は，「延滞税等の見直し」により，利子税割合が年0.9％（現行年2.1％）に引き下がる

こんな場合は認められない?!　事例でチェック

Q　先代経営者が役員に復帰する場合

　父（先代経営者）は長男（後継者）に一切の経営を任せて役員を退任し，株

式を一括贈与して贈与税の納税猶予の適用を受けているが，ここのところ会社の業績が思わしくないため，会社の業績が回復するまで父が代表に復帰することとした。納税猶予は取り消されてしまうか？

A 代表者が役員に復帰した場合において，贈与税の納税猶予が取り消されるのは，「事業継続期間内に代表者に復帰した場合」「事業継続期間内に役員として給与の支給を受けた場合（ただし平成25年改正で廃止）」のいずれかの場合のみとされており，代表者に復帰した際に納税猶予が取消しとなる。

なお，事業承継期間経過後であれば，先代経営者が代表者に復帰しても納税猶予が取り消されることはない。

Q 従業員が代表者の親族のみである場合

当社はいわゆる資産保有型会社に該当し，常時使用従業員は5人いるがいずれも代表者の親族である。従業員が代表者の親族であっても事業実態のある会社として適用を受けられるか？

A 常時使用従業員は「代表者の親族」「親族以外」を区別していないため，従業員が代表者の親族のみであっても5人以上であれば，他の要件を満たすことにより事業実態のある会社として適用を受けられる。

ただし，平成25年度税制改正により，平成27年1月1日以後の贈与・相続から代表者の同一生計親族は除いて判定することとされる。改正後も別生計の親族であれば含めて判定することができる。

贈与税申告書の記載例

Q 非上場株式等についての納税猶予を適用する場合

平成25年11月16日，秋田一郎（昭和44年2月2日生）は，父である秋田武（昭和21年6月28日生）から以下の財産の贈与を受けた。

なお，平成25年12月26日に経済産業大臣の認定を受け，非上場株式等の納税猶予を受けることとした。

A贈与税の申告書（第一表），株式等納税猶予税額の計算書は以下のように記載する。なお，国税庁のHPには納税猶予特例のチェックシートがあるので，活用するとよい。

　　○　甲株式会社株式（非上場）　80,000株
　　　　　　　相続税評価額　@1,150円
　　　　　　　発行済株式数　100,000株
　　　　　　　贈与直前の株主構成　秋田武　　80,000株
　　　　　　　　　　　　　　　　　秋田一郎　20,000株
　　○　現金　12,000,000円

平成25年分贈与税の申告書

提出用　芝税務署長　平成26年3月13日提出　FD4723

第一表（平成22年分以降用）

住所	〒×××-×××× 電話 ××-××××-××××　港区白金台△丁目×番×号
フリガナ	アキタ　イチロウ
氏名	秋田 一郎
生年月日	3 44年02月02日 （昭和）
職業	会社役員

（単位は円）

I 暦年課税分

贈与者1
- 住所：港区白金台△丁目×番×号
- フリガナ：アキタ タケシ
- 氏名：秋田 武
- 続柄：父
- 生年月日：平21年6月28日
- 取得財産：有価証券（株式・その他の株式）
- 所在場所等：港区新橋△丁目×番　甲株式会社
- 数量：80,000株
- 単価：1,150
- 取得年月日：平成25年11月16日
- 財産の価額：92,000,000

贈与者2
- 住所：〃
- 氏名：〃
- 続柄：〃
- 取得財産：現金・預貯金等
- 所在場所等：港区白金台△丁目×番×号
- 財産の価額：12,000,000
- 取得年月日：平成25年11月16日

欄	項目	金額
①	財産の価額の合計額（課税価格）	104,000,000
②	配偶者控除額	
③	基礎控除額	1,100,000
④	②及び③の控除後の課税価格（①-②-③）【1,000円未満切捨て】	102,900,000
⑤	④に対する税額	49,200,000
⑥	外国税額の控除額	
⑦	差引税額（⑤-⑥）	49,200,000

II 相続時精算課税分

欄	項目	金額
⑧	特定贈与者ごとの課税価格の合計額	
⑨	特定贈与者ごとの差引税額の合計額	

III 合計

欄	項目	金額
⑩	課税価格の合計額（①+⑧）	104,000,000
⑪	差引税額の合計額（納付すべき税額）（⑦+⑨）【100円未満切捨て】	49,200,000
⑫	農地等納税猶予税額	
⑬	株式等納税猶予税額	24,033,500
⑭	申告期限までに納付すべき税額（⑪-⑫-⑬）	25,166,500
⑮	差引税額の合計額（納付すべき税額）の増加額	
⑯	申告期限までに納付すべき税額の増加額	

□ 税理士法第30条の書面提出有
□ 税理士法第33条の2の書面提出有

（資5-10-1-1-A4統一）（平24.10）

203

株式等納税猶予税額の計算書（贈与税）

経営承継受贈者の氏名	秋田 一郎	贈与者の氏名（裏面の「1」参照）	秋田 武

（平成23年6月30日以降用）

私は、次の会社の株式（出資）のうち、「2 特例対象贈与の判定及び納税猶予の特例の適用を受ける株式等の数等の限度数（限度額）」の計算並びに特例受贈非上場株式等の明細」の⑦欄の株式等の数等について非上場株式等についての贈与税の納税猶予の特例（租税特別措置法第70条の7第1項）の適用を受けます。
この計算書の書きかた等については、裏面をご覧ください。

1 特例受贈非上場株式等に係る会社

① 会社名	甲株式会社	⑦ 贈与の時における経営承継受贈者の役職名	代表取締役
② 会社の整理番号（会社の所轄税務署名）	（ 芝 署 ）	⑧ 経営承継受贈者が役員に就任した年月日	平成19年6月22日
③ 事業種目	出版業	⑨ 経済産業大臣の認定の状況	設定年月日 平成25年12月26日 認定番号 ××××
④ 贈与の時における資本金の額	30,000,000 円	⑩ 会社又はその会社の特別関係会社であってその会社との間に支配関係がある法人が保有する外国会社又は医療法人の株式等の有無	有 （無）
⑤ 贈与の時における資本準備金の額	0 円		
⑥ 贈与の時における従業員数	23 人		

2 特例対象贈与の判定及び納税猶予の特例の適用を受ける株式等の数等の限度数（限度額）の計算並びに特例受贈非上場株式等の明細

受贈年月日	① 贈与の時における発行済株式等の総数等	② 発行済株式等の総数等の3分の2に相当する数等（a）（①×2/3）（1株（口）・円未満の端数切り上げ）	③ 贈与者が贈与の直前に保有していた株式等の数等（b）	④ 経営承継受贈者が贈与の直前に保有していた株式等の数等（c）	⑤ 贈与により取得した株式等の数等（d）
25・11・16	100,000 （株）口・円	66,667 （株）口・円	80,000 （株）口・円	20,000 （株）口・円	80,000 （株）口・円

⑥ 特例対象贈与の判定及び特例の対象となる株式等の数等の限度数（限度額） (イ) a>b+c の場合 ⇒ a ※ b>aの場合は、特例適用不可 (ロ) a≦b+c の場合 ⇒ (a－c) ※ (a－c) >dの場合及び(a－c)が赤字の場合は、特例適用不可	⑦ ⑤欄の数等を限度として、⑥欄の数等のうち、特例の適用を受ける株式等の数等	⑧ 1株（口・円）当たりの価額（裏面の「3(3)」参照）	⑨ 価 額（⑦×⑧）
46,667	46,667 （株）口・円	1,150 円	A 53,667,050 円

3 株式等納税猶予税額の計算

① 上記2の⑨欄「A」の価額	② 基礎控除額	③ (①－②) の金額（1,000円未満切捨て）	④ ③に対する税額（株式等納税猶予税額）（100円未満切捨て）
53,667,050 円	1,100,000 円	52,567,000 円	24,033,500 円

4 会社が現物出資又は贈与により取得した資産の明細書

この明細書は、租税特別措置法施行規則第23条の9第22項第9号の規定に基づき、会社が贈与前3年以内に経営承継受贈者及び経営承継受贈者と特別の関係がある者（裏面の「5(1)」参照）から現物出資又は贈与により取得した資産の価額等について記入します。
なお、この明細書によらず会社が別途作成したその内容を証明する書類を添付しても差し支えありません。

取得年月日	種類	細目	利用区分	所在場所等	数量	⑰ 価 額	出資者・贈与者の氏名・名称
・ ・						円	
・ ・							
・ ・							

② 現物出資又は贈与により取得した資産の価額の合計額（⑰の合計額）
③ 会社の全ての資産の価額の合計額（②の金額を含みます。）
④ 現物出資等資産の保有割合（②／③）　　　　％

上記の明細の内容に相違ありません。　　　　　　　平成　年　月　日

所 在 地

会 社 名

代表者氏名　　　　　　　　　　印

※印欄には記入しないでください。

税務署整理欄	法人管轄署番号	－	入力	確認

（資5－11－6－A4統一）（平24.10）

(平成23年6月30日以降用) 非上場株式等についての贈与税の納税猶予の特例（暦年課税）のチェックシート（1面）

(はじめにお読みください。)
1 このチェックシートは、非上場株式等についての贈与税の納税猶予の特例の適用を受けるための適用要件及び添付書類を確認するために使用してください。
2 「確認結果」欄の左側のみに○がある場合には、原則としてこの特例の適用を受けることができます。
3 このチェックシートは、申告書の作成に際して、特例の適用に係る会社ごとに適用要件等を確認の上、申告書に添付してご提出ください。

特例の適用に係る会社の名称：＿＿＿＿＿＿＿＿＿＿＿＿＿＿＿＿＿

項目		確認内容（適用要件）	確認結果		確認の基となる資料
贈与者	贈与前のいずれかの日	○ 会社の代表権（制限が加えられたものを除きます。以下同じです。）を有していたことがありますか。	はい	いいえ	○ 登記事項証明書、定款の写しなど
	贈与の直前 (注1)	① 贈与者及び贈与者と特別の関係がある者がその会社の総議決権数の50%超の議決権数を保有していますか。（注2)・(注3)	はい	いいえ	○ 株主名簿の写し、定款の写し、戸籍謄本又は抄本など
		② 贈与者が贈与者及び贈与者と特別の関係がある者（後継者を除きます。）の中で最も多くの議決権数を保有していますか。（注2)・(注3)	はい	いいえ	○ 株主名簿の写し、定款の写し、戸籍謄本又は抄本など
	贈与の時	○ 会社の役員ですか。	いいえ	はい	○ 登記事項証明書、定款の写しなど
後継者（受贈者）	贈与の直前	○ 経済産業大臣の確認を受けた会社の、その確認に係る特定後継者ですか。	はい	いいえ	○ 認定書の写し
	贈与の時	① 贈与者の親族ですか。	はい	いいえ	○ 戸籍謄本又は抄本
		② 20歳以上ですか。	はい	いいえ	○ 戸籍謄本又は抄本
		③ 会社の代表権を有していますか。	はい	いいえ	○ 登記事項証明書、定款の写しなど
		④ 後継者及び後継者と特別の関係がある者がその会社の総議決権数の50%超の議決権数を保有していますか。（注2)・(注3)	はい	いいえ	○ 株主名簿の写し、定款の写し、戸籍謄本又は抄本など
		⑤ 後継者が後継者及び後継者と特別の関係がある者の中で最も多くの議決権数を保有していますか。（注2)・(注3)	はい	いいえ	○ 株主名簿の写し、定款の写し、戸籍謄本又は抄本など
	贈与の日	○ 贈与の日まで引き続き3年以上会社の役員でしたか。	はい	いいえ	○ 登記事項証明書、定款の写しなど
	贈与の時から申告期限まで	○ 特例受贈非上場株式等の全てを保有していますか。（注4)	はい	いいえ	○ 株式等納税猶予額の計算書（贈与税）など
会社	贈与の時	① 経済産業大臣の確認及び認定を受けていますか。	はい	いいえ	○ 認定書の写し
		② 中小企業者ですか。	はい	いいえ	
		③ 非上場会社ですか。	はい	いいえ	
		④ 風俗営業会社には該当していませんか。	はい	いいえ	
		⑤ 特定特別関係会社が風俗営業会社には該当していませんか。また、特定特別関係会社は中小企業者であり、かつ、非上場会社ですか。（注5)	はい	いいえ	
		⑥ 常時使用従業員の数は1名以上ですか。なお、特例の適用に係る会社の特別関係会社が会社法第2条第2号に規定する外国会社に該当する場合には、常時使用従業員の数は5名以上ですか。（注6)・(注7)	はい	いいえ	○ 従業員数証明書
		⑦ 一定の資産保有型会社又は資産運用型会社に該当していませんか。（注8)	はい	いいえ	○ 貸借対照表・損益計算書など
		⑧ 一定の事業年度の総収入金額は零を超えていますか。（注9)	はい	いいえ	○ 損益計算書など
		⑨ 会社法第108条第1項第8号に規定する種類の株式を発行している場合は、後継者のみが有していますか。	はい	いいえ	○ 株主名簿の写し、定款の写し、登記事項証明書など
		⑩ 現物出資等資産の割合は70%未満ですか。	はい	いいえ	○ 株式等納税猶予額の計算書（贈与税）など

※ 2面の注書を参照願います。

贈与者氏名 ＿＿＿＿＿＿＿＿＿＿＿＿＿＿＿＿
受贈者（特例適用者）
住　所 ＿＿＿＿＿＿＿＿＿＿＿＿＿＿＿＿
氏　名 ＿＿＿＿＿＿＿＿＿＿＿＿＿＿＿＿
　　　電話　（　　　）

関与税理士	所在地	
	氏名	電話

第3章　贈与税の各種特例

(平成23年6月30日以降用)　非上場株式等についての贈与税の納税猶予の特例(暦年課税)のチェックシート(2面)

注1　贈与者が贈与の直前において代表権を有していない場合には、代表権を有していた期間のいずれかの日についても判定が必要となります。
2　特別の関係がある者とは、租税特別措置法施行令第40条の8第11項に定める特別の関係がある者をいいます。
3　「総議決権数」及び「議決権数」には、株主総会等において議決権を行使できる事項の一部について制限がある株式等の議決権数及び株主総会等において議決権を行使できる事項の一部について制限がある株主等が有する株式等の議決権数を含みます。
4　特例受贈非上場株式等とは、租税特別措置法第70条の7第1項に規定する株式等をいいます。
5　特定特別関係会社とは、租税特別措置法施行令第40条の8第7項に規定する会社をいいます。
6　特別関係会社とは、租税特別措置法施行令第40条の8第6項に規定する会社をいいます。
7　会社又は会社との間に支配関係(会社が他の法人の発行済株式等(他の法人が有する自己の株式等を除きます。)の総数等の100分の50を超える数等の株式等を直接又は間接に保有する関係として租税特別措置法施行令第40条の8第8項に定める関係をいいます。)がある法人がその外国会社の株式等を有する場合に限ります。
8　一定の資産保有型会社又は資産運用型会社とは、租税特別措置法施行令第40条の8第5項に規定する会社をいいます。
9　一定の事業年度の総収入金額とは、租税特別措置法施行令第40条の8第9項第1号に規定する総収入金額をいいます。

○　この特例の適用を受ける場合には、次に掲げる書類を提出してください。(注)担保提供関係書類が別途必要となります。

	提　出　書　類	チェック欄
1	会社の登記事項証明書(贈与の日の属する年の翌年1月1日以降に作成されたものに限ります。)	□
2	会社の株主名簿の写しなど、贈与の直前及び贈与の時における会社の全ての株主又は社員の氏名等及び住所等並びにこれらの者が有する株式等に係る議決権の数が確認できる書類等(その会社が証明したものに限ります。)	□
3	贈与の時における会社の定款の写し(会社法その他の法律の規定により定款の変更をしたものとみなされる事項がある場合には、当該事項を記載した書面を含みます。)	□
4	戸籍謄本又は抄本など、後継者(受贈者)が贈与の日において贈与者の親族に該当することを明らかにする書類	□
5	中小企業における経営の承継の円滑化に関する法律(以下「円滑化法」といいます。)施行規則第7条第4項の経済産業大臣の認定書の写し及び同条第2項の申請書の写し	□
6	贈与の時における会社の従業員数証明書(円滑化法施行規則第1条第6項に規定する証明書をいいます。)	□
7	贈与の日の属する事業年度の直前の事業年度(資産保有型会社又は資産運用型会社に該当する場合は、贈与の日の3年前の日の属する事業年度から贈与の日の属する事業年度の直前の事業年度までの各事業年度)の貸借対照表及び損益計算書	□

(国税庁HP)

7 農地等の贈与税の納税猶予の特例

農業経営者の保有する土地の面積は広く，必然的に相続税の負担が重くなる。また，農業経営者が高齢となることにより農業経営が停滞する傾向にある。農地の細分化防止と若年世代の活力ある農業経営を推進する一環として農地を生前一括贈与をした場合の特例である。

1 農地等の贈与税の納税猶予制度の概要

　農業を営んでいる者が，その農業の後継者に対し農地の全部及び採草放牧地と準農地のそれぞれ3分の2以上を贈与した場合，贈与税額のうちその農地等の価額に対応する部分について一定の期限まで贈与税の納税を猶予する制度である（措法70の4）。

　贈与者が死亡した場合又は受贈者が贈与者より先に死亡した場合は猶予されている贈与税は免除されるが，その農地等は死亡した贈与者から相続により取得したものとみなされ相続税の課税対象となる。ただし一定の要件を満たすことにより相続税の納税猶予の対象となる。

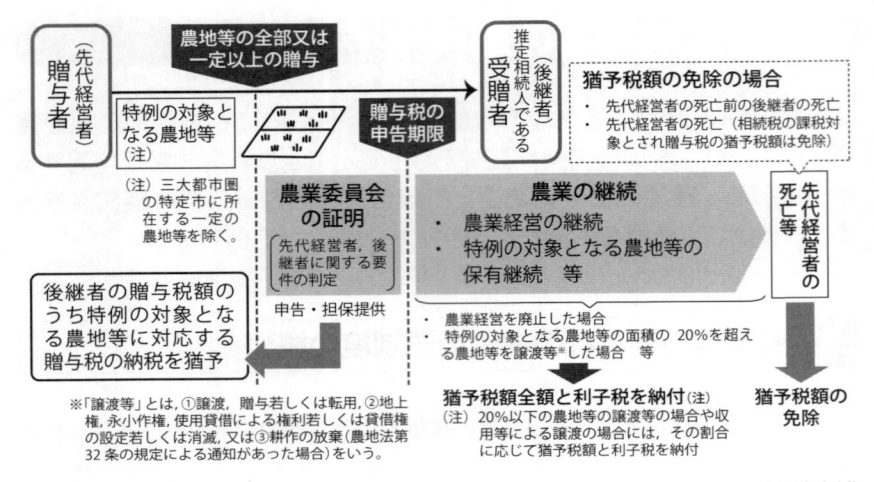

(国税庁資料)

2 要件

1 贈与者の要件

贈与者は，贈与の日まで引き続き3年以上農業を営んでいた者である必要がある。

ただし，次に掲げる者は該当しない。

① 贈与をした年の前年以前において，贈与者の農業の用に供していた農地をその者の推定相続人に対し贈与をしている場合であって，その農地が相続時精算課税の適用を受けているとき

② 贈与をした年において，その贈与以外の贈与により農地及び採草放牧地並びに準農地の贈与をしている場合

③ 過去に，この納税猶予の特例の適用を受ける贈与を行っている場合

「農業を営む者」とは，耕作又は養畜の行為を反復，かつ，継続的に行う個人をいう（耕作若しくは養畜による生産物を自家消費に充てている場合や，会社に勤務するなど他に職を有している場合を含む）。

2　受贈者の要件

贈与者は贈与者の推定相続人であり，次のすべての要件に該当する者であると農業委員会が証明した者であることを要する。

① 農地等を取得した日における年齢が18歳以上であること
② 農地等を取得した日まで引き続き3年以上農業に従事していたこと
③ 農地等を取得した日以後速やかにその農地等において農業経営を行うと認められること

「農業経営を行う者」とは，耕作又は養畜の行為を反復，かつ，継続的に行う個人をいう（耕作若しくは養畜による生産物を自家消費に充てている場合，会社に勤務するなど他に職を有している場合を含む）。

3　農地等の要件

贈与者が農業の用に供している農地等で，次の農地等を一括して贈与することを要する。

① 農業の用に供している農地の全部
② 農業の用に供している採草放牧地の面積の2/3以上
③ 準農地の面積の3分の2以上

農地等とは，農地（特定市街化区域農地等に該当するもの及び農地法第32条の規定による耕作の放棄の通知（同条ただし書の公告を含む）に係るものを除く）及び採草放牧地（特定市街化区域農地等に該当するものを除く），準農地（10年以内に農地や採草放牧地に開発して，農業の用に供するもので一定のものをいう）をいう。特例農地等（特例の適用を受けて納税猶予の対象となっていた農地をいう）のうち公共事業のために一時的に転用しているものも農地等に含まれる。

なお，災害，疾病等のためやむを得ず一時的に農業の用に供されていない土地や，土地改良法による土地改良事業のため農業の用に供することができない土地については，それぞれの事由の生ずる直前においてその者が農業の用に供していた場合に限り，農業の用に供している農地又は採草放牧地に該当するものとされる。

3 手続き

1 申告

　贈与税の納税猶予の適用を受けるためには，その年分の期限内申告書に次の書類を添付すると共に担保を提供しなければならない。

① 担保提供に関する書類
② 贈与者及び受贈者がこの特例の対象となる者である旨の農業委員会の証明書
③ 受贈者が贈与者の推定相続人である事を証する書類（戸籍抄本等）
④ 農地等のうちに三大都市圏の特定市の区域内に所在する農地又は採草放牧地がある場合には，その農地又は採草放牧地がこの特例の対象となる旨の市長（区長）の証明書
⑤ 準農地についてこの特例の適用を受ける場合には，その土地が準農地に該当する旨の市町村長の証明書
⑥ 贈与の事実を証明する書類（贈与契約書等）

2 担保提供

　贈与税の申告期限までに，次のいずれかの方法で担保を提供する。

① 納税猶予分の贈与税額及び利子税の額に相当する担保を提供する
② 特例農地等の全部を担保を提供する

3 継続届出書の提出

　この特例の適用を受けた受贈者は，納税猶予を受けた贈与税の全部につき納税猶予に係る期限が確定するまでの間，その農地等の贈与に係る贈与税の申告書の提出期限の翌日から3年を経過する日ごとの日までに，引き続き納税猶予の適用を受けたい旨及び農業経営に関する事項を記載した継続届出書を納税地の所轄税務署長に提出しなければならない。

4 納税猶予期限

1 納税猶予期限

納税猶予の特例の適用を受けた贈与税は，その農地等の贈与者が死亡した時又は贈与者の死亡以前に受贈者が死亡した時に免除される。

2 納税猶予期限前の納税猶予の確定

納税猶予中に次の事実が発生した場合は，その事実があった日等の日から2か月を経過する日（ホの場合は，繰り上げられた納税猶予に係る期限）までに，その納税猶予税額の全部又は一部を納付しなければならない。

① 納税猶予税額の全部について期限が確定する場合
- 受贈者が農業経営を廃止した場合
- 特例農地等の面積の20％を超える部分を任意に譲渡等した場合
  ※譲渡等には，譲渡，贈与若しくは転用のほか，地上権，永小作権，使用貸借による権利若しくは賃借権の設定（一定の要件を満たすものを除く）又はこれらの権利の消滅若しくは農地について農地法第32条の規定による耕作の放棄の通知（同条ただし書の公告を含む）があった場合も含まれる。
- 受贈者が贈与者の推定相続人に該当しないこととなった場合
- 継続届出書の提出がなかった場合
- 担保価値が減少したことなどにより，増担保又は担保の変更を求められた場合で，その求めに応じなかったとき
- 特例の適用を受けている準農地について，申告期限後10年を経過する日までに農業の用に供していない場合

② 納税猶予税額の全部について期限が確定する場合
- 特例農地等について収用交換等により譲渡等した場合
- 特例農地等の面積の20％以下の部分を任意に譲渡等した場合
- 特例の適用を受けている準農地について，申告期限後10年を経過する日までに農業の用に供していない場合

- 都市営農農地等（生産緑地地区内にある農地又は採草放牧地のうち一定のものをいう）について生産緑地法の規定による買取りの申出があった場合や都市計画の変更等により特例農地等が特定市街化区域農地等に該当することとなった場合

3　利子税

　農地等納税猶予税額を納付しなければならなくなった場合には，その納付すべき税額について贈与税の申告期限の翌日から納税猶予の期限までの期間に応じて年3.6％の割合で利子税がかかる。

　ただし，この利子税の割合は，各年分の前年11月30日の日本銀行が定める基準割引率に4％を加算した割合が年7.3％に満たない場合には，次の算式により計算した割合（0.1％未満の端数切捨て）になる。

　利子税の割合＝3.6％×（前年11月30日の日本銀行が定める基準割引率＋4％）÷7.3％

こんな場合は認められない?!　事例でチェック

Q　レジャー農園の用に供されている農地

　甲は20年以上農業を営んでいるが，1年前からレジャー農園として利用者から入園料を徴収している。レジャー農園の用に供されている農地でも納税猶予の対象となるか？

　なお，甲は引き続きレジャー農園において自ら農業経営を行っている。

A　贈与時においてレジャー農園の用に供されている農地であっても，その農地の所有者がその農地に係る農業経営を自ら行い，利用者はその農地に係る農作業の一部を行うためにその農園に入園するにすぎない場合には，贈与税の納税猶予の特例の対象となる農地に該当する。

贈与税申告書の記載例

Q 農地等の納税猶予を適用する場合

平成25年6月25日,田中明(昭和33年10月15日生)は,父である田中正男(昭和5年8月9日生)から以下の財産の贈与を受けた。田中明は農地等の納税猶予を受けることとした。

A 贈与税の申告書(第一表),農地等の納税猶予税額の計算書,農地等の贈与に関する確認書は以下のように記載する。

　○土地(田)
　　　春日部市○○121番
　　　固定資産税評価額141,700円
　　　地積1,090㎡
　　　倍率12
　　　※上記の他に2筆
　○土地(畑)
　　　春日部市○○731番
　　　固定資産税評価額59,440円
　　　地積743㎡
　　　倍率19
　　　※上記の他に3筆
　○現金　2,000,000円

平成25年分贈与税の申告書

春日部 税務署長
平成26年 3月 2日提出
FD4723

第一表（平成22年分以降用）（住宅取得等資金の非課税の申告は申告書第一表の二又は第一表の三と、相続時精算課税の申告は申告書第二表と、一緒に提出してください。）

提出用

住所：〒×××-××××　電話 ×××-×××-××××
春日部市○○△丁目×番

フリガナ：タナカ アキラ
氏名：田中 明

生年月日：昭和33年10月15日　**職業**：農業

税務署整理欄（記入しないでください。）

（単位は円）

I 暦年課税分

贈与者	住所・氏名・続柄・生年月日	取得した財産の明細	財産を取得した年月日 / 財産の価額
1	住所：春日部市○○△丁目×番 フリガナ：タナカ マサオ 氏名：田中 正男　続柄：父 生年月日：昭和5年8月9日	種類：土地　細目：田　利用区分：自用地 措置法第70条の4第1項適用分 別添計算書のとおり	平成25年06月25日 6,266,280
2	〃	種類：土地　細目：畑　利用区分：自用地 （同上）	平成25年06月25日 4,942,470
3	〃	現金・預貯金等　現金 春日部市○○△丁目×番	平成25年06月25日 2,000,000

財産の価額の合計額（課税価格）	①	13,208,750
配偶者控除額（最高2,000万円）	②	
基礎控除額	③	1,100,000
②及び③の控除後の課税価格（①-②-③）【1,000円未満切捨て】	④	12,108,000
④に対する税額（申告書第一表（控）用の裏面の「贈与税の速算表」を使って計算します。）	⑤	3,804,000
外国税額の控除額	⑥	
差引税額（⑤-⑥）	⑦	3,804,000

II 相続時精算課税分

特定贈与者ごとの課税価格の合計額	⑧	
特定贈与者ごとの差引税額の合計額	⑨	

III 合計

課税価格の合計額（①+⑧）	⑩	13,208,750
差引税額の合計額（納付すべき税額）（⑦+⑨）【100円未満切捨て】	⑪	3,804,000
農地等納税猶予税額	⑫	3,714,000
株式等納税猶予税額	⑬	
申告期限までに納付すべき税額（⑪-⑫-⑬）	⑭	90,000

この申告書が修正申告書である場合

差引税額の合計額（納付すべき税額）の増加額	⑮	00
申告期限までに納付すべき税額の増加額	⑯	00

作成税理士の事務所所在地・署名押印・電話番号
□ 税理士法第30条の書面提出有
□ 税理士法第33条の2の書面提出有

通信日付印　確認者印

（資5-10-1-1-A4統一）（平24.10）

214

農地等の贈与税の納税猶予税額の計算書

提出用

贈与者の氏名 　田中　正男　　　　受贈者の氏名 　田中　明

生年月日（明・大・㊛・平） 5 年 8 月 9 日

私（受贈者）は、租税特別措置法第70条の4第1項の規定による農地等についての贈与税の納税猶予の適用を受けます。

（平成22年分以降用）

Ⅰ　納税猶予の適用を受ける農地等の明細

○農地等の明細についてこの計算書に書ききれない場合には、この計算書を追加して記入してください。

田・畑採草放牧地準農地の別	地上権、永小作権、使用貸借による権利、賃借権（耕作権）の場合のその別	所在場所	面積／固定資産税評価額	単価倍数	価額
田		春日部市○○121番	1,090 ㎡／141,700 円	12 倍	1,700,400 円
〃		〃　　　122番	1,380／165,600	12	1,987,200
〃		〃　　　123番	1,653／214,890	12	2,578,680
（計）			(4,123)		(6,266,280)
畑		春日部市○○731番	743／59,440	19	1,129,360
〃		〃　　　732番	1,080／75,600	19	1,436,400
〃		〃　　　733番	982／68,740	19	1,306,060
〃		〃　　　734番	805／56,350	19	1,070,650
（計）			(3,610)		(4,942,470)
合計			7,733 ㎡		Ⓐ 11,208,750

Ⅱ　納税猶予税額の計算

農地等以外の財産に対する贈与税額の計算

				贈与税の合計額（申告書第一表の⑪の金額）	⑥	3,8040,0 円00
農地等以外の財産の価額（申告書第一表－上欄の⒜の①の金額－⒜の金額）	①	2,000,000 円		相続時精算課税の差引税額の合計額（申告書第一表の㉒の金額）	⑦	
配偶者控除額（申告書第一表の②の金額）	②					
基礎控除額	③	1,100,000		農地等以外の財産に対する贈与税額（⑥＋⑦）100円未満の端数は切り捨てます。また、この金額が100円未満のときは、その金額を切り捨てます。	⑧	90,0 00
農地等以外の課税価格（①－②－③）1,000円未満の端数は切り捨てます。また、この金額が1,000円未満のときは、その金額を切り捨てます。	④	900,000				
④に対する税額（申告書第一表（贈与）の裏面の速算表を使って計算します。）	⑤	90,0 00		納税猶予税額（Ⓐ－⑧）	⑨	3,7140,0 00

（資5-11-1-A4統一）（平24.10）

（平成21年分以降用）

平成 25 年分　農地等の贈与に関する確認書

1　農地等の受贈者

| 住所 | 春日部市○○△丁目×番 | 氏名 | 田中　明 |

2　前年以前の農地等の贈与の状況
次のいずれか該当する項目の□の中に✓印を記入してください。

☑　私は、農地等を贈与した年の前年以前において、その農業の用に供していた租税特別措置法第70条の4第1項に規定する農地を私の推定相続人に贈与したことはありません。

□　私は、農地等を贈与した年の前年以前において、その農業の用に供していた農地を私の推定相続人に贈与したことはありますが、当該農地は相続税法第21条の9第3項の規定（相続時精算課税）の適用を受けるものではありません。

3　本年における農地等の贈与の状況
次に該当する場合は□の中に✓印を記入してください。

☑　私は、農地等を贈与した年において、今回の贈与以外の贈与により租税特別措置法第70条の4第1項に規定する農地及び採草放牧地並びに準農地の贈与をしていません。

4　採草放牧地に関する事項（今回の贈与以前に採草放牧地を所有していた場合のみ記入してください。）

贈与者が今回の贈与の日までその農業の用に供していた租税特別措置法第70条の4第1項に規定する採草放牧地の面積	①	㎡
贈与者が今回の贈与をした年の前年以前において贈与をした採草放牧地のうち相続時精算課税の適用を受けるものの面積	②	㎡
①の面積と②の面積の合計（①＋②）	③	㎡
③の面積の $\frac{2}{3}$（③×$\frac{2}{3}$）	④	㎡
贈与者が今回贈与をした租税特別措置法第70条の4第1項に規定する採草放牧地の面積（「農地等の贈与税の納税猶予税額の計算書」に記載した採草放牧地の面積の計を記入します。）	⑤	㎡

上記のとおり、⑤の面積は、④の面積以上となります。

5　準農地に関する事項（今回の贈与以前に準農地を所有していた場合のみ記入してください。）

贈与者が今回の贈与の日まで有していた租税特別措置法第70条の4第1項に規定する準農地の面積	①	㎡
贈与者が今回の贈与をした年の前年以前において贈与をした準農地のうち相続時精算課税の適用を受けるものの面積	②	㎡
①の面積と②の面積の合計（①＋②）	③	㎡
③の面積の $\frac{2}{3}$（③×$\frac{2}{3}$）	④	㎡
贈与者が今回贈与をした租税特別措置法第70条の4第1項に規定する準農地の面積（「農地等の贈与税の納税猶予税額の計算書」に記載した準農地の面積の合計を記入します。）	⑤	㎡

上記のとおり、⑤の面積は、④の面積以上となります。

上記の事実に相違ありません。

平成 26 年 3 月 1 日

農地等の贈与者

住所　春日部市○○△丁目×番　　氏名　　田中　正男　　㊞

第4章
土地の使用貸借と贈与税

個人が建物を建築した場合，借地権の取引の慣行のある地位では一般的には借地権が発生する。親子夫婦等親族間において土地の上に建物を建築する場合，借地権を認識しないことが多い。そのためかつては借地権が発生したとして借地権相当額の贈与税の課税が行われていたこともあった。現行では，土地の上に建物を所有し，地代の授受がない場合は使用貸借による貸付けとして借地権課税が行われない。この章では借地権に係る贈与税の取扱いについて説明する。

借地権と贈与税

土地の所有者は排他的にその土地を使用収益する権利がある。その土地の上に他人が建物を建築した場合，その土地を使用収益する権利がほとんど失われてしまう。そのため，建物所有者に対して，その土地を使用する権利を設定し権利金を受取り，地代を収受することにより他人の使用を認める。

1 税法上の借地権

相続税法における借地権は，建物を所有する地上権及び賃借権であり借地借家法に同じである。所得税法・法人税法上の借地権はそれよりやや広く規定しており，「構築物の所有を目的とする地上権又は賃借権」を含む。これは所得税・法人税の課税のスタイルの相違によるもので，権利の設定に伴う権利金の授受に対する確実な課税と権利の確定を狙ったものである。それに対して相続税は権利関係が千差万別で不安定でもある構築物の借地権としての権利を外したものといえる。

近年は地価の高騰と相まって借地権の価額も高額なものとなっており，財産に占める割合も土地に準ずるくらいの重要性を帯びている。借地権を設定する時点から処分する時点まで常に課税の問題を避けて通ることはできない。

借地権の課税関係は法人税，所得税，相続税など税目により歴史や考え方が微妙に異なる。また，借地権設定時（いわゆる入り口課税）と借地者の移動時（いわゆる出口課税）によっても異なる。

税務上の借地権は，その有無により財産権の判定に大きく影響する。

2 借地権の課税関係の例

下図は，個人間で土地上に建物を建築した場合の税務上の検討例である。

ケース1：親族・他人が建物を建築した場合

　　　個人地主Aの土地上にBが建物を建築し，権利金の授受がなく使用貸借である場合は土地所有者又は建物所有者に対しては特段課税関係が発生しない。建物建築資金としてBに対して贈与があった場合は，贈与税の各種特例の適用ができる。

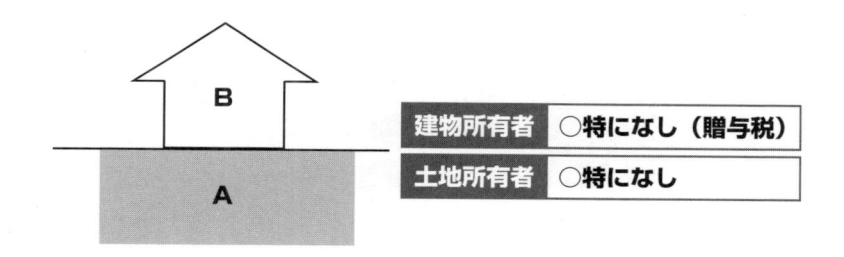

建物所有者	○特になし（贈与税）
土地所有者	○特になし

ケース2：建物を建築し，借地権を設定

　　　個人地主Aの土地上にBが建物を建築し，Bが借地権設定の対価として権利金等を支払い，その後地代を支払っている場合は借地権の設定があると認められる。対価を受取った地主は所得税の課税が発生する。借地権の設定の対価として権利金を支払った借地権者Bに対し建物建築資金として贈与があった場合は，贈与税の各種特例の適用ができる。

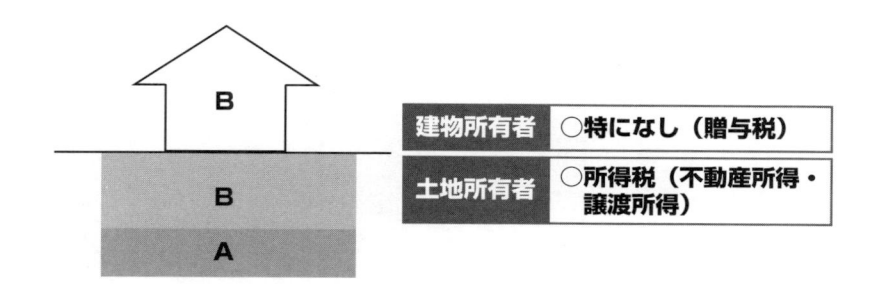

建物所有者	○特になし（贈与税）
土地所有者	○所得税（不動産所得・譲渡所得）

ケース３：借地上の建物若しくは土地名義人の異動

土地所有者又は建物所有者の異動があった場合は、その異動の原因により課税関係が異なる。

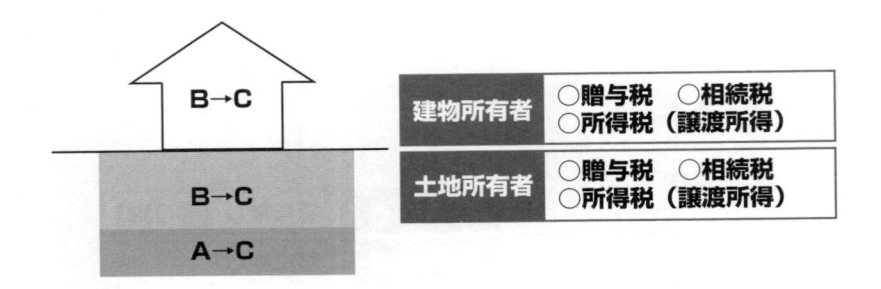

建物所有者	○贈与税 ○相続税 ○所得税（譲渡所得）
土地所有者	○贈与税 ○相続税 ○所得税（譲渡所得）

建物：B→C
土地：B→C / A→C

2 使用貸借による土地の借受けがあった場合

建物又は構築物（以下「建物等」という）の所有を目的として使用貸借による土地の借受けがあった場合，借地権の設定に際し，権利金その他の一時金を支払う取引上の慣行がある地域においても，その土地の使用貸借に係る使用権の価額は，ゼロとして取り扱う。現行制度の基本である。

1 使用貸借の定義

　相続税法において使用貸借とは，民法593条に規定する契約をいう。
　例えば，土地の借受者と所有者との間に当該借受けに係る土地の公租公課に相当する金額以下の金額の授受があるにすぎないものはこれに該当し，当該土地の借受けについて地代の授受がないものであっても権利金その他地代に代わるべき経済的利益の授受のあるものはこれに該当しない。

【民法593条　使用貸借】
　使用貸借は，当事者の一方が無償で使用及び収益をした後に返還をすることを約して相手方からある物を受け取ることによって，その効力を生ずる。

【民法595条1項　借用物の費用の負担】
　借主は，借用物の通常の必要費を負担する。

---

2 使用貸借通達

　個人の所有する土地の上に建物を建築した場合，建築した時期により借地権相当額の贈与があったものとして贈与税の課税が行われていたことがあった。昭和47年以降は「使用貸借に係る土地についての相続税及び贈与税の取扱い

について（昭和48.11.1直資2-189　この項において「使用貸借通達」と表示）」により，個人間で建物を建築するに当たって土地を無償で使用した場合には借地権の存在を考えず，単に土地を使用貸借していると取り扱うこととなった。

なお，この通達は，個人間での取引に限定されている。

3　使用貸借による土地の借受けがあった場合

建物等の所有を目的として使用貸借による土地の借受けがあった場合においては，借地権の設定に際し，その設定の対価として通常権利金その他の一時金（以下「権利金」という）を支払う取引上の慣行がある地域（以下「借地権の慣行のある地域」）においても，その土地の使用貸借に係る使用権の価額は，零として取り扱う（使用貸借通達1）。

こんな場合は認められない?!　事例でチェック

Q 土地の使用貸借があった場合

乙は父甲の所有する土地の上に自宅を建築する予定である。権利金や地代等の授受はなく，土地の固定資産税相当程度は負担するつもりである。借地権の取り扱いはどうなるか。

A 使用貸借による土地の借受けがあった場合，借地権は発生しないが，将来相続があった場合は次のように取り扱われる。

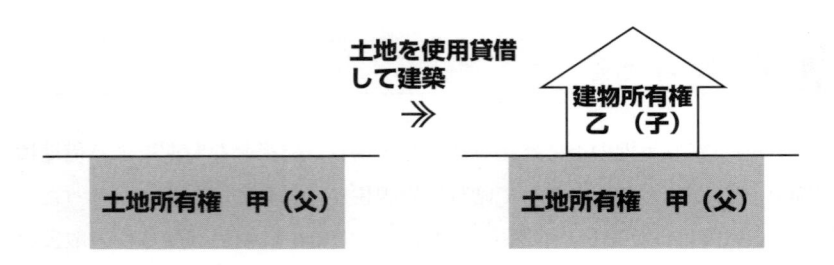

| 土地所有権　甲（父） | 土地を使用貸借して建築 ⇒ | 建物所有権 乙（子）／土地所有権　甲（父） |

① 甲の土地の上に乙が使用貸借により建物を建築した場合，借地権は発生しない。
② 甲に相続があった場合は甲の所有する土地は「更地」として評価される。
③ 乙に相続があった場合には乙の建物には借地権が付随しないため，建物の価額のみが相続財産となる。

Q 個人の土地の上に法人が建物を建築した場合

個人が所有する土地の上に法人が建物の所有を目的として，使用貸借による土地の借受けをした。当該土地は通常権利金を支払う取引上の慣行がある地域にある。

A 個人間の使用貸借であれば，使用権の価額はゼロとして取り扱い，贈与税の課税はされない。しかし，借主が法人の場合は，法人税法の取扱いにより，原則として借地権を無償取得したものとして借地権の価額に相当する受贈益の認定課税が行われる。

ただし，その借地権の設定等に係る契約書において将来借地人がその土地を無償で返還することが定められており，かつ，「土地の無償返還に関する届出書」を借地人との連名で遅滞なく当該法人の納税地の所轄税務署長に届出たときは，認定課税は行われない。

土地の無償返還に関する届出書

受付印

※整理事項　1 土地所有者　2 借地人等

整理簿番号
確認

平成　年　月　日

国税局長
税務署長　殿

土地所有者＿＿＿＿＿は、〔借地権の設定等／使用貸借契約〕により下記の土地を平成　年　月　日から＿＿＿＿＿に使用させることとしましたが、その契約に基づき将来借地人等から無償で土地の返還を受けることになっていますので、その旨を届け出ます。

なお、下記の土地の所有又は使用に関する権利等に変動が生じた場合には、速やかにその旨を届け出ることとします。

記

土地の表示

所　在　地　＿＿＿＿＿＿＿＿＿＿＿＿＿＿＿＿＿＿＿＿＿＿＿＿＿

地目及び面積　＿＿＿＿＿＿＿＿＿＿＿＿＿＿＿　＿＿＿＿＿＿m²

	（土地所有者）	（借地人等）
住所又は所在地	〒　　電話（　）－	〒　　電話（　）－
氏名又は名称	㊞	㊞
代表者氏名	㊞	㊞

	（土地所有者が連結申告法人の場合）	（借地人等が連結申告法人の場合）
連結親法人の納税地	〒　　電話（　）－	〒　　電話（　）－
連結親法人名等		
連結親法人等の代表者氏名		

借地人等と土地所有者との関係　＿＿＿＿＿

借地人等又はその連結親法人の所轄税務署又は所轄国税局　＿＿＿＿＿

20.06改正

（契約の概要等）

1　契約の種類　_____

2　土地の使用目的　_____

3　契約期間　平成　　年　　月　～　平成　　年　　月

4　建物等の状況

(1)　種　類　_____

(2)　構造及び用途　_____

(3)　建築面積等　_____

5　土地の価額等

(1)　土地の価額　_____円　（財産評価額　_____円）

(2)　地代の年額　_____円

6　特約事項　_____
　　　　　　　_____

7　土地の形状及び使用状況等を示す略図

8　添付書類　(1) 契約書の写し　(2) _____

(法1337－1)

3 使用貸借による借地権の転借があった場合

借地権を有する者からその借地権を使用貸借により借り受けた場合の取り扱いである。

1 借地権の使用貸借

借地権を有する者（以下「借地権者」という）からその借地権の目的となっている土地の全部又は一部を使用貸借により借り受けてその土地の上に建物等を建築した場合又は借地権の目的となっている土地の上に存する建物等を取得し，その借地権者からその建物等の敷地を使用貸借により借り受けることとなった場合においては，借地権の慣行のある地域においても，当該借地権の使用貸借に係る使用権の価額は，ゼロとして取り扱う（使用貸借通達2）。

2 借地権の使用貸借に関する確認書

借地権者からその借地権を使用貸借により借り受ける場合は「借地権の使用貸借に関する確認書」を提出することとされている。

借地権者からその借地権の目的となっている土地を使用貸借により借り受けた場合において，その借受けが使用貸借に該当するものであることについて，借受者，借地権者及び土地の所有者がその事実を確認し，その内容を借受者が申し出る手続であり，借地権を使用貸借により借り受けた後，住所地の所轄税務署長にすみやかに提出する。

借地権の使用貸借に関する確認書

① （借地権者）　　　　　　（借受者）

_____ は、_____ に対し、平成____年____月____日にその借地

している下記の土地 { に建物を建築させることになりました。 / の上に建築されている建物を贈与（譲渡）しました。 } しかし、その土地の使用

（借地権者）

関係は使用貸借によるものであり、_____ の借地権者としての従前の地位には、何ら変

更はありません。

記

土地の所在 _____

地　　積 _____ ㎡

② 上記①の事実に相違ありません。したがって、今後相続税等の課税に当たりましては、建物の所有者はこの土地について何らの権利を有さず、借地権者が借地権を有するものとして取り扱われることを確認します。

　　平成　　年　　月　　日

　　借地権者（住所）_____（氏名）_____㊞

　　建物の所有者（住所）_____（氏名）_____㊞

③ 上記①の事実に相違ありません

　　平成　　年　　月　　日

　　土地の所有者（住所）_____（氏名）_____㊞

㊫ 上記①の事実を確認した。

　　平成　　年　　月　　日

　　（確認者）_____税務署_____部門　担当者㊞

（注）㊫印欄は記入しないでください。　　　　　　（タックスアンサー・ホームページ）

（国税庁HP）

こんな場合は認められない?! 事例でチェック

Q 借地権の借り受けがあった場合

甲は借地上の建物が老朽化したので，建て替えを考えているが高齢のため長期ローンが組めない。長男乙と同居して乙が建て替えることとした。借地権を贈与することとなるか。

A 借地権者はそのままで，借地権を使用貸借により乙に貸し付けることができる。ただし，地主の了解が必要で更に税務署長に「借地権の使用貸借に関する確認書」を建物所有者・借地権者・地主が連名で届ける。

各人に相続があった場合は次のように取り扱われる。

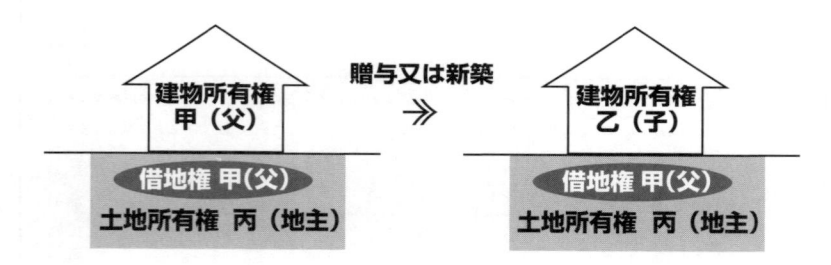

```
   建物所有権            贈与又は新築         建物所有権
   甲（父）                 ⇒              乙（子）
  借地権 甲（父）                          借地権 甲（父）
 土地所有権 丙（地主）                    土地所有権 丙（地主）
```

① 甲に相続があった場合は甲の相続財産は借地権となる。
② 乙に相続があった場合は乙の建物には借地権はないから，建物の価額のみが相続財産となる。
② 丙に相続があった場合は，底地の価額となる。

4 底地を借地権者以外の者が取得した場合

底地を地主から取得し，借地権者に無償で貸付けた場合の取り扱いである。

1 底地の取得

借地権の目的となっている土地をその借地権者以外の者が取得し，その土地の取得者と借地権者との間に土地の使用の対価としての地代の授受が行われないこととなった場合においては，その土地の取得者は，原則として借地権者からその土地に係る借地権の贈与を受けたものとして取り扱う（使用貸借通達5）。

2 借地権者の地位に変更がない旨の申出書

借地権の目的となっている土地を当該借地権者以外の者が取得し，その土地の取得者と当該借地権者との間に当該土地の使用の対価としての地代の授受が行われないこととなった場合においては，その土地の取得者は，原則として当該借地権者から当該土地に係る借地権の贈与を受けたものとして取り扱う。

Bが底地だけの所有で，Aが依然として借地権を所有していることを確認するためには「借地権者の地位に変更がない旨の申出書」を提出する。この書類の提出により，借地権の贈与はなかったものとして取り扱うこととなる。

「借地権者の地位に変更がない旨の申出書」

借地権の目的となっている土地をその借地権者以外の者が取得し，その土地の取得者と借地権者との間にその土地の使用の対価として地代の授受が行われないこととなった場合において，借地権者は借地権者としての地位を放棄していない旨を，その土地の取得者が申し出る手続であり，借地権の目的となっている土地を借地権者以外の者が取得した後，住所地の所轄税務署長に速やかに

提出する。

借地権者の地位に変更がない旨の申出書

平成　年　月　日

＿＿＿＿＿税務署長　殿

（土地の所有者）
＿＿＿＿＿＿＿＿＿＿＿＿＿＿＿は、平成　年　月　日に借地権の目的となっている
　　　　　　　　　　　　　　　　　　　（借地権者）
下記の土地の所有権を取得し、以後その土地を＿＿＿＿＿＿＿＿＿＿＿＿＿に無償で貸し付けることになりましたが、借地権者は従前の土地の所有者との間の土地の賃貸借契約に基づく借地権者の地位を放棄しておらず、借地権者としての地位には何らの変更をきたすものでないことを申し出ます。

記

土地の所在＿＿＿＿＿＿＿＿＿＿＿＿＿＿＿＿＿＿＿＿＿＿＿

地　積＿＿＿＿＿＿＿＿＿＿＿＿㎡

土地の所有者（住所）＿＿＿＿＿＿＿＿＿＿＿＿（氏名）＿＿＿＿＿＿＿㊞

借地権者（住所）＿＿＿＿＿＿＿＿＿＿＿＿＿＿（氏名）＿＿＿＿＿＿＿㊞

（タックスアンサー・ホームページ）

（国税庁HP）

こんな場合は認められない?! 事例でチェック

Q 底地を取得し，地代を収受しなくなった場合

借地権者甲は地主丙から底地の買取りの申出を受けた。甲は高齢のため，長男乙が買い取ることとなった。買取り後は甲乙間で地代の収受はない。借地権相当額の贈与と取り扱われるか。

A 底地を取得し，地代の授受がなくなった場合は原則として借地権相当額の贈与と取り扱われる。ただし「借地権者の地位に変更がない旨の申出書」を提出した場合は，底地の使用貸借として取り扱われる。

各人に相続があった場合は次のように取り扱われる。

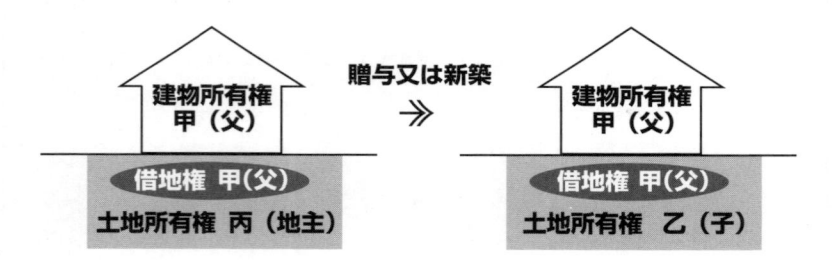

```
   建物所有権        贈与又は新築      建物所有権
    甲（父）            ⇒              甲（父）
  借地権 甲(父)                      借地権 甲(父)
 土地所有権 丙（地主）              土地所有権 乙（子）
```

① 甲に相続があった場合は甲の相続財産は借地権及び建物となる。
② 乙に相続があった場合，乙の相続財産は底地の価額となる。

【参考文献等】

報道発表資料　　　　　　…国税庁HP
贈与税に関する諸資料　　…国税庁HP及び東京国税局HP
事業承継税制関係　　　　…中小企業庁HP
「税法用語辞典」　　　　…財団法人大蔵財務協会
「民法Ⅳ　親族・相続」…内田貴　東京大学出版会
「民法Ⅱ　債権各論」…内田貴　東京大学出版会

索　引

【あ】

遺贈 ……………………………………… 15
委託者 …………………………………… 91
著しく低い価額 ………………………… 66
延納 ……………………………………… 36

【か】

株式又は出資の価額が増加した場合 ……… 77
基礎控除 ………………………………… 23
教育資金の一括贈与に係る贈与税の非課税
　………………………………………… 163
教育資金の要件 ……………………… 164
共有持分の放棄 ……………………… 106
居住無制限納税義務者 ……………… 42
経済産業大臣の認定 ………………… 177
個人以外の納税義務者 ……………… 45

【さ】

財産の取得の時期 …………………… 47
財産の名義変更があった場合 ……… 110
財産分与 ………………………………… 88
債務免除益 ……………………………… 70
債務免除等による利益 ………………… 59
死因贈与 ………………………………… 14
事業承継税制 ………………………… 169
資産管理会社 ………………………… 174
借地権者の地位に変更がない旨の申出書
　………………………………………… 229
借地権の使用貸借に関する確認書 … 226
受益者 …………………………………… 91
受益者等が存しない信託の課税関係 … 94
受益者等の存する信託の課税関係 … 92
受贈者が特定贈与者より先に死亡した場合
　………………………………………… 136
受託者 …………………………………… 91
使用貸借通達 ………………………… 221

使用貸借による借地権の転借 ……… 226
使用貸借による土地の借受け ……… 221
信託に関する権利 ………………… 59, 91
信託の意義 ……………………………… 91
制限納税義務者 ………………………… 43
生命保険金等の受取りの課税区分 … 60
相続時精算課税 …………………… 20, 129
贈与財産 ………………………………… 56
贈与税調査の状況 ……………………… 6
贈与税の課税状況 ……………………… 2
贈与税の非課税財産 …………………… 51
贈与税の変遷 …………………………… 18
贈与の定義 ……………………………… 10
贈与の撤回 ……………………………… 11
底地の取得 …………………………… 229
その他の経済的利益 …………………… 59
その他の利益の享受 …………………… 74

【た】

諾成片務契約 …………………………… 10
直系尊属から住宅取得等資金の贈与を受け
　た場合 ……………………………… 146
直系尊属から贈与を受けた場合の税率の特
　例 ……………………………………… 30
低額譲受 ………………………………… 64
低額譲受による利益 …………………… 59
定期金に関する権利 …………………… 59
定期贈与 ………………………………… 13
特定贈与者に相続があった場合 …… 134
土地の無償返還に関する届出書 …… 223

【な】

認定承継会社 ………………………… 173
納税義務者 ……………………………… 41
農地等の贈与税の納税猶予の特例 … 207
農地等の要件 ………………………… 209

234

【は】

配偶者控除 …………………………………… 122
非居住無制限納税義務者 …………………… 42
非上場株式等についての贈与税の納税猶予
　制度 …………………………………………… 168
負担付贈与 …………………………………… 14, 102
負担付贈与により取得した土地等の評価
　………………………………………………… 102
募集新株引受権 ……………………………… 82

【ま】

みなし贈与 …………………………………… 58

【や】

身分関係に変化があった場合 ……………… 137
無利子の金銭貸与 …………………………… 99
名義変更通達 ………………………………… 113

【や】

猶予税額の免除 ……………………………… 189

【ら】

利子税 ………………………………………… 36, 212
暦年課税 ……………………………………… 20, 23
暦年課税の贈与の税率の改正 ……………… 27
連帯債務者が放棄した場合 ………………… 72
連帯納付義務 ………………………………… 37

【著者紹介】

武田秀和
税理士　岩手県出身
中央大学法学部卒業後東京国税局に入局。東京国税局資料調査課，浅草，四谷税務署他東京国税局管内各税務署資産課税部門等に勤務。
事務所：武田秀和税理士事務所
　相続税・贈与税・譲渡所得を中心とした申告・相談業務・財産整理業務を中心に事業を展開している。また，北海道から沖縄までの各地の税理士に対する資産税関係の講演を行っている。
【主な著書】
　「土地建物の譲渡所得Ｑ＆Ａ」（㈱税務経理協会・共著）
　「調査事例から見た　資産税実務のポイントＱ＆Ａ」（（株）税務研究会）
　「ケーススタディ相続財産評価マニュアル」（新日本法規出版(株)・共著）
　「平成25年度　よくわかる税制改正と実務の徹底対策」（日本法令・共著）
　サラリーマンでもわかる相続税対策（ビジネス月刊誌「リベラルタイム」連載）

市川康明
税理士　東京都出身　東海大学工学部卒業。
日本税務会計学会委員（会計部門）
事務所：税理士法人おおたか（副代表社員）
　税理士法人おおたかは，特に事業承継対策，相続税対策を中心とした業務を展開している。
【主な著書】
　「土地建物の譲渡所得Ｑ＆Ａ」（㈱税務経理協会・共著）
　「事業承継税制ハンドブック」（東京商工会議所・共著）
　「平成25年度　よくわかる税制改正と実務の徹底対策」（日本法令・共著）

望月麻衣子
税理士　神奈川県出身
税理士法人おおたか社員税理士
【主な著書】
　「土地建物の譲渡所得Ｑ＆Ａ」（㈱税務経理協会・共著）
　「平成25年度　よくわかる税制改正と実務の徹底対策」（日本法令・共著）

高津理英子
税理士　千葉県出身　早稲田大学政治経済学部卒業。
税理士法人おおたか社員税理士
【主な著書】
　「土地建物の譲渡所得Ｑ＆Ａ」（㈱税務経理協会・共著）
　「平成25年度　よくわかる税制改正と実務の徹底対策」（日本法令・共著）

著者との契約により検印省略

平成25年4月20日　初 版 発 行

事例でわかる特例適用・申告手続
贈与税の基本と特例Q&A

著　　者	武田秀和・税理士法人おおたか
発 行 者	大　坪　嘉　春
製 版 所	株式会社マッドハウス
印 刷 所	税経印刷株式会社
製 本 所	牧製本印刷株式会社

発 行 所　東京都新宿区　株式　税務経理協会
　　　　　下落合2丁目5番13号　会社
郵便番号　161－0033　振替 00190－2－187408　電話 (03)3953－3301(編集部)
　　　　　　　　　　FAX (03)3565－3391　　　 (03)3953－3325(営業部)
　　　　　URL http://www.zeikei.co.jp/
　　　　　乱丁・落丁の場合はお取替えいたします。

Ⓒ 武田秀和・税理士法人おおたか 2013　　　　　　　Printed in Japan

本書を無断で複写複製（コピー）することは，著作権法上の例外を除き，禁じられています。本書をコピーされる場合は，事前に日本複製権センター（JRRC）の許諾を受けてください。
JRRC（http://www.jrrc.or.jp　eメール：info@jrrc.or.jp　電話：03-3401-2382）

ISBN978-4-419-05952-1　C3034